浙江少年文学新星丛书·第八辑

海 飞 主编

灼灼其华

赵蕴桦 著

浙江工商大學出版社

ZHEJIANG GONGSHANG UNIVERSITY PRESS

·杭州·

图书在版编目(CIP)数据

灼灼其华 / 赵蕴桦著. —杭州:浙江工商大学出
版社,2022.11
(浙江少年文学新星丛书 / 海飞主编. 第八辑)
ISBN 978-7-5178-5003-8

Ⅰ. ①灼… Ⅱ. ①赵… Ⅲ. ①作文—小学—选集
Ⅳ. ①H194.4

中国版本图书馆 CIP 数据核字(2022)第108518号

灼灼其华

ZHUOZHUO QI HUA

赵蕴桦 著

责任编辑	沈明珠
责任校对	张春琴
封面设计	浙信文化
责任印制	包建辉
出版发行	浙江工商大学出版社
	(杭州市教工路198号　邮政编码310012)
	(E-mail:zjgsupress@163.com)
	(网址:http://www.zjgsupress.com)
	电话:0571-88904980,88831806(传真)
排　版	杭州朝曦图文设计有限公司
印　刷	杭州高腾印务有限公司
开　本	880 mm×1230 mm　1/32
印　张	7.875
字　数	117千
版 印 次	2022年11月第1版　2022年11月第1次印刷
书　号	ISBN 978-7-5178-5003-8
定　价	49.80元

个人简介

我叫赵蕴桦,2010年2月生于湖北武汉,一直生活在浙江义乌,现在是义乌市绣湖小学六(6)班的学生。我的作家梦,是从爱上阅读开始的,尤其是汤汤老师的童话书,给我打开了一扇通往奇幻世界的大门。我的"写作"从幼儿班就开始了,那些读过的故事如同一粒粒种子,在我的心田孕育出一棵棵充满奇思妙想的小幼苗,那时我还不会写字,但是会表达啊,妈妈就把我口述的故事写下来,写了满满的一页又一页。后来读小学,阅读更广泛、更深入,写作热情也持续高涨。我何其幸运! 两岁来到湖畔书院,在童蒙经典中牙牙学语,在经史子集的书香浸润中长大,在四书五经中养吾浩然正气,在诗词歌赋中涵养心灵,在琴棋书画中怡情养性,"童心画文"研学更是充满魔力。我期盼每个周末的来临,可以去大自然中肆意奔跑,和花鸟鱼虫私密对话;我更期盼寒暑假的到来,可以走更远的路,赏更美的风景,感受更深厚的人文底蕴。这本文集是我小学毕业的纪念,未来,我期待着成为真正的作家!

赵蕴桦

十岁，蕴桦随母亲参加在孔子故里举办的全国书院论坛

灼灼其華

辛丑華冬
口香草庵
貝立新

义乌书法协会主席贝立新(蕴桦的书法导师)题写的书名

六岁,在湖畔书院门口,蕴桦穿着自己用植物染的小背心

绣湖小学的操场上,蕴桦(左三)和全班同学的大合影

八岁,云南普达措国家公园,与小松鼠亲密接触

九岁,成都游学,蕴桦(左一)观看川剧变脸

九岁,蕴桦(左三)在武义璟园游学,一场梦幻的温泉童话之旅

九岁,武义璟园童话书屋,汤汤老师在欣赏小妞们的童话作品(左三为蕴桦)

九岁，在玉米地里游学，烤现摘的玉米

九岁，武义童话之旅，蕴桦（右一）和小妞们自编自演童话剧，然后创作了童话《童话山谷里的温泉》

十岁，在乡下菜地里游学，画毛豆、拔豆秆、打豆子

十岁，磐安童心画文游学，蕴桦（左四）和小伙伴们准备去花溪里捉鱼

十一岁，冬游黄山，赏雪景，品尝松针上凝结的冰晶

十一岁，蕴桦（右二）和小伙伴们在绣湖公园游学，在银杏树下洒"银杏雨"

十一岁,湖畔茶文化节,小妞们吟唱三三老师作曲的《七碗茶歌》,蕴桦古筝伴奏

十一岁,绍兴游学,大家在王羲之故居前听煦哥点评作品

2021年湖畔花朝节,湖畔弟子在桂花树下拜花神(蕴桦为左二)

春未老風細柳斜斜試上超然臺上看半
壕春水一城花煙雨暗千家寒食後酒
醒卻咨嗟休對故人思故國且將新火
試新茶詩酒趁年華

庚子趙蘊樺

十岁，隶书作品
《望江南·超然台作》

十一岁，临摹邓石如篆书

内容简介

　　本书收录了赵蕴桦同学二至五年级创作的作品,分为"行者日记""四季之风""故事花田"三个板块。"行者日记"大部分是湖畔书院"童心画文"的远途游学之作,记录了绍兴、成都、杭州、磐安等地的自然人文景观,以及小作者仔细入微的观察和海阔天空的联想;此外,小作者亦随妈妈多次开启房车旅行,足迹遍布大江南北,书中这几篇游记即是旅途之作。"四季之风"则以四季排序,从一个爱思考的孩子视角,呈现了一幅幅浙中地区的动物、植物、美食,以及民风民俗的精彩画卷。"故事花田"收录了一些浮想联翩的童话和小说。每个孩子都是带着童话的梦想来到这个世界的,他们与世界交流的方式,与世俗化的社会往往迥异,这些文章展现出了另一个奇异瑰丽的世界。

总　序
见字如你

　　斯巴福德在《小书痴》中写道："有时候,一本书进入我们恰好准备好的心灵,就像一颗籽晶落入过饱和溶液中,忽然间,我们就变了。"而现在,在我们眼前展现的,是一群优秀的少年写作者的作品,稚嫩中有才华,笨拙中见灵性。

　　一本书,一本由孩子自己创作的书,给予我们更多的思考。文学创作本身具备的魅力正悄悄随着童年、少年、青年的自然生长期而萌芽、生长、繁衍。这种全新的生活体验,正与他们文字成长的速度同步记录和保存。我们感动于他们钟爱文学的热情,体察出他们因大量阅读文学作品而心灵丰盈、下笔生风,而由写作生发出的那种源自内心和诉诸稚嫩笔端的气息,更让我们动容和珍惜。真的,没有一个孩子的生活是一样的,哪怕写同一篇文章,也会有不一样的内容。《发现·世界》的作者周昊梵,在记录旅游时的见闻、和父母的互动、校园难忘的经历以及对文学的思考中,就描绘了一个个美好而珍贵的周式童年缩影。但热爱文学、喜欢写作的孩子有一样是相同的,心怀美好,想象美好,创造美好,传递美好,生活和世界,均在此列。所以当一名中学生独自去异国他乡,文学创作依然是她同行的挚友,徜徉于东西方文化碰撞下的生活环境,写下了记录留学生活的《一路行走一路歌》。"虽说世界庞大,却仍想在这纷扰喧嚣的人群中留下些许痕迹;即使文字稚嫩,也依旧想用真性情,执笔墨书写真我。"这是一直没有停下书写文字步伐的一然,作品第二次入选"浙江少年文学新星丛书"后,对文学最倾心的表白。

入选《浙江少年文学新星丛书·第八辑》的共有15部作品,从内容来看,有纪实小说、国外留学生活记、个人生活旅行记、研学手记、语文单元习作的升级作品、小故事等。这些融合生活和学习故事的习作集,以校园故事、身边的人和事、父辈的追求、中国梦四大主题为主的年代感极强的作品、初具雏形的小说,让你看到一个同样的世界里不一样的心灵感悟。他们用文字记录生活,并没有写成流水账;想象性作品是在现实基础上对于这个世界的感知与想象,既大胆又具有创新性;记录童年生活里的点点滴滴,有情怀、有故事、有功底,叙述平淡里有曲折,引用典故而能深发意味;习作有向作品的美好过渡和提升,有模仿痕迹但也有不同的见解。文章亦庄亦谐,亦古亦白,语言精雕细琢,也有童真童趣;抒情大胆而细腻,感情恰到好处,收放自如,转折与衔接处也有刻意与盈润的笔触。比如同样是因为文学征文比赛而钟情写作的南皓仁、吕可欣,作品有各自不同的特色:南皓仁的作品《不规则图形》包含了多种文体,题材丰富多彩、文字成熟老练、想象力丰富;吕可欣在写作《春曦》时是用她的童眼去观察这个世界,用童心去感受身边的人和事,用童言来抒写她的感受。这里面有童真、童趣,有温暖人心的文字,更有来自灵魂的拷问。他们介入世界与生活的脚步有点快,又看得出有认真充足的准备,字如其人,是真的。少年的你,多少年后,你自己来读一读,还是全新的一个自我。真好!

　　我常常在想,到底是怎样的初衷,能让十几岁的少年,安静地将成长的过程一字不差地进行记录和感喟。他们所写的生活,有春夏秋冬里细心观察的所感所悟,有现代时尚生活的体验,有在长辈回忆的生活里的感叹和想象中天马行空的生活,最神奇的是,一个小物件都能写出各种不同的故事。少年行的《童真年代》一帧帧都是孩子们纯洁的童真年代的真实写照，是一曲曲质朴无华的童年之歌。桐月六小童的《彩色的天穹》里有孩子们处在乡村与城市之间的最真实的心灵写照与思考。《时光里》"镌刻"着时光少年的烂漫友谊和温馨童年的美好印记。《行走的哲思》里湖畔四少为我们分享了研学中的所见所闻、所言所行、所思所想，既有深入的对历史的剖析，又对自然的观察与探索，文笔恣意洒然，未来可期。两三点雨山前用文字记录了她们生命中最初的美好，也记录了她们生命中最初的思考。短短的篇幅，回味绵长，或许真的能品出《时光的味道》。读《素心之履》，你能欣赏到江南水墨长卷般的书生意气，乌镇、南浔、西塘……搂着这样的小镇，感受日日夜夜的人文沉淀的浑厚，那不是一场旧梦，是俗世烟火气息下一个个真实的自我。七八个星天外，以文字采撷遥不可及的历史，呈现的却是眼前的幸福与美好。

　　写作有起点，有创作方向，有个人的审美追求和价值观。当你的创作代表了人类社会大众的普遍方向，当你虚构的世界引起了人们的关注，当你描述的真实在隐喻和暗藏中悄悄生长，当你的文字，代表了一种生命物质……你会发现，很多事物都不一样了。生在杭州，长于钱塘的梁熙得，以一部《鼹鼠先生的春日列车》，将脑海里的奇思妙想，用让人眼前一亮的妙笔全部装载。"以梦为马，路在前方。以写为乐，自由畅想。海豹，它有一片海洋。"这是多么自信的童年宣言！诸葛子誉的纪实型小说《稚拙的日子》用真实的笔触，写下了生活的经历和对生活的简单观感，勾画了一个稚拙有趣的童年。徐诗琪在《冒傻气的小红鼠》中更是塑造了一个个性强，爱出风头，同时也富有正义感和责任感的孩子形象。樊雨桐写的城市女孩则个性独特，惹出一些啼笑皆非的事情，由此有了一段不一样的童年。细细感受《不一样的童年》，你也许会找到你童年里的不同和相似之处。小作者们在创作道路上的探索和追求，着实令人感动。

　　宙斯为了在广阔的宇宙中创造人类，与普罗米修斯开始了艰难的旅程。他们寻找黏土的途径到现在还是众说纷纭：有人说，他们是从色雷斯草原一路东行到小亚细亚，最后在位于底格里斯河与幼发拉底河之间的丰饶之地找到黏土；也有人振振有词，表示他们是南渡尼罗河，穿越赤道，最终在东非得偿所愿。不管经过怎样的跋涉和攀登，最后宙斯决定让雅典娜轻吹一口气，赐予这些成型的泥人生命。在时代的洪流里，我们坚持做这套丛书八年，其间的过程百转千回，在网络科技发达的今天，希望我们的坚持加上你们赋予这项事业的灵气,最终给予我们追寻文学持久生命力的源泉。

有的作家,他写的作品就如一辈子精心于一类特殊工艺的手艺人一样,作品中有一种固定的地理,一种永远不变的时段,一直让人感觉是在童年时期。而青少年自己创作的作品,并没有定型,但你也能看到很多类型、方向、文本的雏形,他们在模仿、在创造,也在改变,更在颠覆。不难发现,无论电子书阅读还是纸质书阅读,都在越来越快地改变人们,读同龄人的书,由自己写一本书已然成为一种趋势,曾经的少年不再是那一群只知道玩滑板、打篮球的男孩,也不再是抱着芭比、沉浸于cosplay、穿着洛丽塔的少女,他们正在以成年人的视角和语感表达对这个世界的看法和诉求。就像赵蕴桦在《灼灼其华》中所说:"我的作家梦,是从爱上阅读开始的……阅读更广泛、更深入,写作热情也持续高涨……我期盼每个周末的来临……更期盼寒暑假的到来,可以走更远的路,赏更美的风景,感受更深厚的人文底蕴。这本文集是我小学毕业的纪念,未来,我期待着成为真正的作家!"如果你想了解少年们在想什么,最好的办法也许就是看看他们写下了怎样的世界,以及对世界万物的看法。那些无法言说的都借助文字来喷薄,借由这个口子,架构了我们与他们之间的桥梁,希望真诚的心灵交流与沟通,从此变得容易。

世界本来就很美,我们想方设法带给这些御风的少年一个美好的世界。而在他们眼中,美好的世界可以由自己界定,通过写作与这个世界建立最好的联系,由此在成长的道路上哺育出更美丽的生命之花,何其有幸! 见字如你!

向所有看到这些文字的大人和孩子,致敬你们曾经以文字和写作创造的美好快乐的童年及世界!

海飞

2021 年 12 月

序：行走的精彩和力量

把孩子们带到广阔的天地里，用眼睛和心灵去凝视、去感受、去探究、去发现、去遐想，再用手中的笔去画、去写，由此诞生了一篇篇稚拙却精彩的作品，汇聚成孩子们的一本本小书，这是湖畔书院"童心画文"研学模式的美好成果。

湖畔书院的研学，起源于创院院长丁宁老师读书期间的第一份兼职职业——20世纪90年代的教育报编辑，从图文结合排版设计到"童心画文"教学研究，从省级课题立项到全国新课程改革课题获奖……自2008年创办湖畔书院，深入开展"童心画文"研学探索，又与青年女作家三三老师及几个志同道合的作家、画家们携手合作研究课题，从此真正开启"读万卷书·行万里路"的研学历程，将生活体验、自然观察、人文探究、诗词吟诵、文史导读、绘画创作、研学手记等多种研究性学习方式融合成一个独特的课程——"童心画文"文化研学。

湖畔书院的老师们带着一批又一批的孩子，一边开展主题文史导读，一边进行实地考察体验，一年又一年地行走在研学的路上，让孩子们用图画和文字记录一次次的所见、所闻、所言、所行、所思、所想，用心感受行走的精彩和力量，也曾带领孩子们追随《中国国家地理》杂志编辑们考察的脚步，绘制撰写当地风土人情。

孩子们的脚步，随着丰富而有趣的研学，变得越来越坚定有力，他们自如地穿行在上下五千年，漫步于大江南北，畅游在悠悠历史长河和广阔的天地之间。很多时候，他们像极了不知疲倦的"徐霞客"和"唐玄奘"，不论烈日炎炎，还是寒风呼啸，背着沉甸甸的资料，背着沉甸甸的画本，背着沉甸甸的食物和水，在大街小巷穿行，在人群洪流中穿行，在山林草木间穿行。他们在博物馆中耐心地求证一字一句，在荒山野岭细致地观察一草一木。他们目光如炬，对这个世界充满探索的欲望，充满记录的热情。难怪孩子们笑称：有一种游学创作，叫披星戴月。

孩子们的笔下，由此有了比同龄人更为丰富的阅历，有了比同龄人更为厚重的情感,有了比同龄人更为深邃的哲思。一次次出发,一次次行走,一幅幅图画,一篇篇文字,他们在阅读、行走和创作中拥有了不一样的成长经历。

　　他们并没有将眼光仅停留在科普、博物、美学、文学这些特定的知识领域,而是通过研学行走记录,在自我生命教育的历程中,完成童年美的库存。于行走中体悟现世,于自然中观照自我,以自然教育、人文探究的理念和方式,探索完善人格发展的道路,追求教育的永恒价值。

汤　汤

2022 年 1 月

父亲手记

犹记得，小妞初来湖畔，恰只两岁。

最初，有"云对雨，雪对风，晚照对晴空"的懵懂念唱；随之，门前石桌上镌刻的"山不在高，水不在深"的《陋室铭》，廊前悬挂的《般若波罗蜜多心经》，已悄然反复忆诵；如今，跃然纸上的大小文章，已是她构筑起来的思想城堡。

跨过湖畔书院的门槛，进进出出的时光里，她喜读书、善吟诵、爱写作，滋长了海阔天空的奇思妙想。

越地绍兴的游学之路，仓桥直街烟雨浓，王谢堂前燕飞还；陆游唐婉钗头凤，鲁迅故居百草园。江南何止美景入目，人文情怀更入了她的心。

天府蜀地的成都之旅，想必让她从杜甫草堂找到了心底的悲悯，从宽窄巷子里找到了小小的生活梦想。

绣湖公园的大安寺旁，"小鸟枝头亦朋友，落花流水皆文章"，静看鸟岛上群鸟翻飞，该是她已在自然里找到了心底的爱吧。

一路行走一路歌，吟啸徐行绘山河。且看她带着童话般的梦想，走过四时华夏大地，用双脚去丈量，用画笔去描绘，用文字去记录，用心灵去歌咏。

是为记。

教师寄语

跟蕴桦已相识六年，与其说是师生，我更觉与她是好伙伴、老朋友。

"橘生淮南则为橘"，蕴桦的父母、飘满书香味儿的湖畔书院、有着百年办学历史的绣湖小学，都给蕴桦的成长提供了丰沃的土壤，使她成为一个德才兼备、全面发展的好孩子。博览群书的她，也用自己的脚步丈量着这个美好的世界——"我手写我心"，愿有更多的人能读到蕴桦的真、善、美。

——义乌市绣湖小学六6班班主任　刘斯琳老师

目　录

行者日记

四季之风

春

故事花田

目
录 005

行者日记

府山越人记

　　鲁定公十四年(前496)，浙江嘉兴，血染红了大片的土地，所有的吴国士兵望着地上血流如注的人，都傻眼了：鲜红的刿痕，触目惊心。过了几分钟，吴王阖闾才反应过来，战场上已黄沙飞扬，一片刀光剑影，越国人的马踏着成堆的士兵尸体向他们冲了过来。他双眼通红，挥着大刀发出一声喊叫，率先冲入敌阵。一名士兵拉开了弓，他或许不会知道，这一箭差点让越国坠入万劫不复之境。此刻他手指绷紧了弦，眯起眼睛，手一松，箭如一道白光，直直地插入吴王阖闾的背，他翻身落马，在临终之时，颤巍巍地抬起一根手指，指向越国方向，对其子夫差道："必勿忘越！"

　　从此，吴越两国的梁子算是结下了。

　　公元前494年，夫椒之战中，吴军大败越军。越王勾践和五千残余部将被围困在会稽山上,范蠡和文种将国家大任扛到了自己的肩上。范蠡劝勾践答应吴王夫差的一切要求,以保全性命和国家的安全。而文种则想尽办法买通吴太宰伯嚭,尽管伍子胥坚决不同意,但夫差不听劝,竟给了勾践和越国一次翻盘的机会。勾践在吴国受尽屈辱,重回越国后,卧薪尝胆,发愤图强。

公元前482年,越军大败吴军,将吴王夫差围困在姑苏台上。吴王夫差想让勾践看在自己曾饶恕他的分上,饶自己不死。可勾践是什么人?他曾入吴为奴,这是何等奇耻大辱!范蠡也在一旁劝告勾践,说:"上天曾把越国赐给吴国,吴国没有接受,现在上天又把吴国赐给越国,岂有不要之理?"勾践想将夫差流放,夫差高傲,不肯苟活于世,且他年事已高,几乎无法逆转吴国灭亡的命运;他又想起吴太子已死,对吴国一片忠心的伍子胥也被自己赐死了,心中追悔莫及,便用布蒙住自己的脸,拔出剑来,自刎于姑苏台边。

吴国,就此灭亡了。

在给勾践开的庆功宴中,人们推杯换盏,酒席上觥筹交错,唯独范蠡看着高高在上的勾践。勾践仿佛已经是另外一个人了,他因为胜利而膨胀了,范蠡嗅到了一丝危险的味道,果断地散尽家财,与西施远走他乡。

当年在诸暨,范蠡与西施相遇,对方抬头一眼,让范蠡惊为天人。范蠡将西施和另一个名为郑旦的女子带回王宫,教她们王室礼仪、琴棋书画,这一教便长达三载有余。这三年,西施渐渐对范蠡不那么陌生、胆怯,还多了一份崇拜与说不出口的信任。范蠡比西施年长二十余岁,对于西施对自己的依赖从来都无动于衷,可不知道为什么,在午夜梦回时,范蠡总会想到西施的脸庞。终于到了分别的那一刻,西施泪眼蒙眬。范蠡曾想过和西施就此逃出这个战火纷飞的地方,远走高飞。可对国家的忠诚不允许他这么做,范蠡一狠心,便把清纯的西施送进了深潭般的吴国后宫,从此只能在梦中相见。

十年后,西施站在斜阳下,身后是大片的废墟与成山的尸体。郑旦已不在人世了,这个满腔爱国热血的女子为国而死。但西施还完好地站着,她虽徐娘半老,却风韵犹存。夕阳下,范蠡率众走来,她曾多么期待相见,但此刻却不知如何是好。十年来,夫差对她万分宠爱,言听计从,她一直认为,这十年,再屈辱的婚姻也被磨出爱了吧。可当范蠡、西施两人四目相对时,往事如潮,令她的心一阵绞痛。范蠡心如刀绞,十多年梦中思念,令他恍若隔世。他给文种写了一封信："飞鸟尽，良弓藏；狡兔死，走狗烹。越王为人长颈鸟喙，可与共患难，不可与共乐。"随后，范蠡携西施远走高飞，到陶地发家致富，人称陶朱公。

范蠡是第一位在历史洪流中全身而退的人吧！

《二谢帖》前的神思

一踏进绍兴古城，远离尘世的喧闹、世俗的烦扰之后，扑面而来的是岁月沉淀在这里的古老气息。中午的古镇，青砖黑瓦之上，王羲之一族的墨香仿佛犹存。

曾听闻过《二谢帖》，是王羲之的书法作品。如今我竟在一座破旧的房子里见到了。房子不大，挂了一架老式的鼓风机，门上的瓦片都破损了，似乎随时有掉落的危险。你的目光若是就此嫌弃地移开，一定会后悔一辈子。因为在右边那面墙上，题着传说中的《二谢帖》。当然不是真帖，真帖已被日本皇室正仓院收藏，但这仍然影响不了它龙飞凤舞的气质，所有人都看着它，目光中流露出无限的狂热与痴迷。我也看着它，任由它牵了我的思绪，将我带进一个梦境般的世界。

这帖之所以名为《二谢帖》，是因为这是王羲之写给谢安和谢万的。当年，王家和谢家是最有权势的两大家族，王家是开国功臣，而谢家的典型代表则是在淝水之战中一战成名的谢安，他们两家世代交好，共同辅佐东晋王朝。王家有王羲之、王献之、王徽之这些卓越的后辈；而谢家，除了众多才子之外，还出了一个素有"咏絮之才"美誉的谢道韫。谢道韫是名满天下的大家闺秀，无人能与之举案齐眉，作为长辈的谢安，早就开始物色一个好的侄女婿，选择对象自然是王家。谁都认为，谢道韫这样的才女，一定得嫁个才子。果然，谢安相中了王徽之，但他听闻王徽之有一次去拜访朋友戴安道，也不考虑两地之间的距离，连夜命仆人备船开棹，船行驶了一夜，天将拂晓时靠了岸。王徽之却急令返回，仆人诧异地问，得到了一句堪称魏晋风流的经典话语："吾本乘兴而行，尽兴而返，何必见戴？"也许谢安知道了此事，认为王徽之放荡不羁，不拘小节，还生性高傲，不热忱公务，才改变了初衷，将谢道韫许配给了老实本分的王凝之。他本想让侄女的婚后生活能更为安定，却不料，谢道韫对这桩婚事并不满意。

那一天，尽人皆知，谢家的谢道韫出嫁了，谢家配王家，门当户对。古代的婚姻从来都是和家族利益捆绑在一起的，不过王家既有王羲之这对才华横溢的夫妇，他们的儿子自然也绝非等闲之辈。想谢道韫第一次见到王郎时，一定还是抱着和和美美过一生的希望的。站在她面前的男子，虽比不上他另外几个兄弟的俊朗飘逸，但也颇有不凡之姿。王凝之被谢安大力举荐，先后当过江州内史、左将军、会稽内史等官职，现在又有了谢道韫这样一位才貌双全的夫人，真可谓爱情、事业皆如鱼得水。谢道韫回到娘家，心里可就没有那么爽快了。有一次她满脸不快，谢安问起原因，她答曰："一门叔父，则有阿大、中郎；从兄弟则有封、胡、遏、末。不意天壤之中，乃有王郎！"这件事让谢安大吃一惊，因为他看见的是王凝之外表的光环，但婚姻的幸与不幸，如人饮水，冷暖自知。在两人长期的相处中，王凝之是什么样，谢道韫自是一清二楚。

王凝之在信仰上的愚蠢，为后半生埋下了祸根。当时乱军兵临城下，他不加以防备，反而在城上布阵做法，说已请了鬼兵相助，敌军无法入城。在无人防守的情况下，叛军长驱直入，杀死了王凝之和他的两个儿子，这是迷信到何等无知的地步！幸而谢道韫临时组织了一支队伍，奋勇杀敌，敌人敬她是女中豪杰，方放她一条生路。

像谢道韫这样的女子，堪称凤毛麟角，纵然王凝之不足以匹配她，但也只有王家这样的大家族才驾驭得了她，让她的才华得以大放光彩。据说有一次王献之与人清谈，落了下风，才女嫂子立刻出口相救，辩得对方哑口无言。谢道韫在王家的地位，王家对她的尊重与爱护，由此可见一斑。

沈园的故事

　　"伤心桥下春波绿，曾是惊鸿照影来。"望着荷花池中掠过的一抹红影，脑海中便不由自主地浮现出这句诗来。这水池中，"接天莲叶无穷碧，映日荷花别样红"。豆娘扇着薄翅，久久地停在小荷叶上，一切如诗如画。来这里的人，无一不是携手相行，祝福自己幸福、健康、快乐。人们不远千里来到这里，只为见一眼这传说中的沈园，园中的许愿牌上也写满了美好的愿望。

　　还是先从沈园门口这块奇异的石头说起吧。你乍一看它，是一块石头从中间裂成了两半，再仔细一看，后面还连着一丝，仿佛这石头也有怎么都无法放下的无奈与执着。两块石头已经在岁月的磨砺下变得光滑，再多的无奈，再多的怨恨，再多的执着都被冲淡了吧？可它们一直顽强地手拉着手，向世人告白它们至死不渝的爱情，在太阳的照射下，它们身上仿佛蒙了一层神圣的光辉，格外灿烂。

这块石头还有一段动人的爱情故事。

当年因唐琬没有尽快生儿育女，引起了婆婆的不满，陆游迫于母亲的压力，不得不休妻另娶，唐琬也含泪改嫁。陆游三十多岁的时候，已经不是那个身披戎装、英气逼人的将军了，而是一个文文弱弱的江南才子。他因为第三次考试仍然名落孙山，心情不好，想来绍兴老家的沈园踏青。忽见一对夫妻携手走来，男的气质儒雅，风度翩翩，女的一袭白裙，温柔娴静，果然是一对天生的璧人，让在场的人羡慕不已。但即使是化成灰，他也一定不会将唐琬认错。这几年过去，唐琬似乎瘦了许多，这一打照面，两人四目相对的那一刹那，不仅陆游睁大了眼睛，唐琬也怔住了。两人的眼里都闪烁着泪花，有千言万语却不知从何说起，心中思绪万千。赵士程，唐琬的现任丈夫，他当然知道陆游和唐琬是什么关系，还是他聪明些，先上前打了招呼，二人才意识到自己失态了，陆游眼睁睁地看着赵士程与他道别，搀着唐琬离开，陆游长叹一声，提笔在园内的照壁上写下了《钗头凤》一词。唐琬又经沈园时，也和了一首词。可没过两年,她竟"病魂常似秋千索",一代佳人就此香消玉殒。陆游也没想到沈园一别竟是阴阳两隔。此后,陆游离开了这个伤心之地,可只有在沈园他才能和唐琬"说说话",在一草一瓦中寻找他们爱情的痕迹。

更何况,他曾不顾生死"泪溅龙床",却换来了高宗的冷眼,被"请"下岗,回家种田去了。如今他又来到沈园,像一只孤独的鹤,徘徊在熟悉的亭台楼阁之间,想寻找自己的爱人,却什么也找不到。每一处风景都是他感情的寄托。美丽的沈园在此刻显得无比荒凉,桥下的水依然是绿色,仿佛见唐琬踏水而来。他激动地睁大双眼,颤巍巍地伸出双臂,唐琬却含泪消散在虚空之中。他八十四岁那一年,已身患重病,仍挣扎着来到沈园,抚摸着墙上《钗头凤》一词,泪满衣襟。他并不怕死,却感到了前所未有的孤独,他愿意将这份刻骨的相思坚持到生命的最后,成为灵魂最终的归宿。

在沈园,陆游不是诗人,不是战士,只是一个为情所伤的男子。可那个曾与他山盟海誓,愿陪他一生的女子,早已不在。沈园啊沈园,终究落得个物是人非,事事休!

诗人行吟图

　　当看到那张画时，我的心猛地一颤。直觉告诉我，它就是我要找寻的。

　　一棵古木，枝干横斜，似藤蔓一样的线条曲曲折折。说它抽象，你好歹看得出来，这是一个诗人骑着毛驴在树下行走。说它具体，可这树上没有过多的枝丫，只有一个简单的形，诗人的模样、毛驴的身子都是只有寥寥数笔，你却依然能感受到毛驴正在自在地散步，诗人的衣袖已被山间吹来的风鼓起。这不仅能看见一个人的笔头功夫，还能看见一个人一生的沉淀。徐渭一生命运多舛，到了晚年更是形影相吊，所以他的笔下，愁苦的藤蔓一丝一缕地缠满了树干，一派萧条景象。

　　诗人和驴子的落魄是一致的，驴子慢慢地走，许多好诗便在这样的闲情逸致中慢慢发酵出来了。当年被称作"诗鬼"的李贺，背着一个古老破旧的行囊，骑了一头驴，在林中东瞧瞧西看看，一遇到灵感，就记录下来，着实创作了不少好诗。李贺是骑着毛驴寻找灵感，陆游便可怜多了。在他被罢官的某一天，骑着一头瘦弱的小毛驴，晃晃悠悠地出了城门，在夕阳的斜照下，他的背影显得格外落寞。王安石退休之后，也骑着一头毛驴，有人问他要到哪里去，他说："我是跟着家丁走的，我的家丁是跟着毛驴走的，毛驴想到哪里去，就到哪里去。"在与毛驴一起共游钟山时，王安石还写下了一首《渔家傲》："灯火已收正月半，山南山北花撩乱。闻说渟亭新水漫……"相比陆游，王安石的毛驴之游要心平气和得多。被称为"苦吟诗人"的贾岛，也有驴子陪伴，更严重的是他还撞了两次高官的车马。那一天，贾岛骑着毛驴，行走在长安的街道上，看见长安的街道上落满了落叶，不由得吟出一句"落叶满长安"来。虽是佳句，却找不到合适的上联来配，贾岛心里急得不行。没想到今天正骑着驴在街上漫步，脑子里忽然就有了一句"秋风生渭水"，一激动忘了躲避一位高官的车马，被抓去关了一整天。但得到这句"秋风生渭水"，对贾岛来说，可比关上十天十夜还重要。这么多诗人身边都有一只毛驴陪着。

有人说，这不仅仅是因为毛驴温驯，也不仅仅是因为它的速度可以让人慢下来好好写诗，更多的是因为诗人是一个浪漫不羁、豪放洒脱、不修边幅的群体，他们不需要骑着高头大马，在人群中耀武扬威，这是他们所不屑，甚至所不齿的。只有骑在一头小毛驴上，或是游山玩水，或是兴起吟诗，才是一位真正的诗人。毛驴何其有幸啊，陪伴着中华五千年的诗人们一路走来。

在这棵古老的树上，藤死死地缠着，仿佛一根根铁索，锁住了徐渭冰封的心。《诗人行吟图》里的诗人，很像贾岛。贾岛和徐渭同样家境贫寒，但徐渭因为胡宗宪的死亡，精神失常，自杀九次未遂后杀妻入狱。他作为一个才子，也想像贾岛那样，守一个破屋，骑一头毛驴，潇洒快活地吟诗作曲。可他不行，他骨子里的骄傲，常常让他觉得情志淤塞，不得不以狂放怪诞的行为，个性张扬的书画来宣泄。一代天才竟是这样炼成的，不得不让人感慨万千。

鲁迅的百草园

　　一百三十年的时光流逝,当踏进百草园时,我的生命就已经和另一个伟大的生命结缘了。

　　沿着百草园的泥墙根走,墙角总积着一洼水,夏天亦是如此,连杂草也不肯长到这里来。可这个一年四季都潮乎乎、脏兮兮的地方,青苔却很愿意光顾,以至于整个墙根总泛着淡淡的墨绿色。何首乌的藤老了,干枯了,叶子萎缩在一旁,紧紧地贴在墙上,仿佛是嵌进去了一般。那些茂盛的叶子从瓦片与瓦片之间的缝隙中钻出来,茎很粗,叶子已经绿得发黑了,用触须扒住一块块砖,一簇簇地向外延伸,像章鱼的巨大触角,张牙舞爪地伸向天空。你会发现这里不仅是鲁迅的乐园,你也会心生向往,这里好像什么好玩的都有,小小的泥潭,肥胖的黄蜂。你若在栅栏边蹲下身来,还能发现小小的蝉蜕用脚死死地抱住竹枝,透明的身体几乎一碰就碎。我依稀望见了年少的鲁迅站在身后,他看不见我,自顾自地穿过我的身体,去触碰一簇叶下珠结的小果子,他的脸模糊不清,只是一个幻影,但他眼里放射出来的光芒,充满了孩童时期的欢乐与希冀,也有不属于他这个年龄的成熟与稳重。看着那个在百草园里放飞自我、捉蚂蚁、斗蟋蟀的少年鲁迅,我真不敢相信——鲁迅,这个伟大的生命就是从百草园里走出来的。

百草园里几乎贮藏了鲁迅童年所有的快乐。那天,鲁迅在大街上散步,见一个摊子上围了许多人,便也打发家丁挤进去看。家丁回来说:"这里有个老伯在卖何首乌。"旁人都在窃窃私语,说什么何首乌当数人形的最正宗。传说,吃了可以长生不老,甚至成仙。鲁迅突然想起来,父亲曾说家中百草园那院墙上爬满了的藤都是何首乌,说不定能拔出一根人形的呢。于是,他就经常把院墙下的何首乌挖出来,可没有一根是人形的,为此还摧毁了泥墙,挨了不少板子。

在他十三岁那一年,一队官兵冲进来,在百草园中到处搜寻,他们又进了三味书屋,押着他的祖父走出来,祖父仿佛一夜之间须发俱白,身形伛偻,戴着镣铐,没有了往日的神采飞扬。他用歉疚的眼神深深望了一眼鲁迅,便走出了园子。鲁迅才十三岁啊,他愣愣地望着他们的背影和被踩乱的花草,呆住了。

此后家道中落,鲁迅每天拿着首饰、珠宝到柜台前去当钱,在轻视侮辱的目光中接了钱,又去给重病的父亲抓药,从一个大少爷变成了一个普通人。百草园也日渐破败,变得不那么繁荣。

仓桥雨巷，人间烟火

　　清晨的街道上，雨很细，顺着屋檐滴滴答答地往下流。枝干庞大的古树上早已蓄了许多水，即使在没有雨的时刻，风一吹，也"唰唰唰"地往下掉，在半空中幻化出如雾如烟的雨幕，让巷子平添了几分神秘色彩。多亏了台风，我们才能在夏天的仓桥直街中，读出了江南烟雨的感觉。

　　"吱呀"，伴随着古老木门发出的声音，馄饨店的老板娘从小小的内室揉着眼睛走出来，用手扳住木门上的一块板，摇几下，一小片木门便从下面的凹槽里滑了出来，被放在了一边。这门已上了年纪，有时摇好几下，也无法撼动它的一根毫毛。可念旧的老头老太太们，总也不肯换上新的。当微微有些发胖的老板娘推完所有的木板，早已累得大汗淋漓，不过她还是将门口的牌子翻了过来，上面写着

"正在营业"。接着，隔壁开臭豆腐店的老板走出来，把破旧的卷帘门"唰啦"往上一推，打开灯，就在门口的长凳上一躺，等待他的第一位顾客。一家家店陆陆续续开门了。下着细雨，顾客不怎么多，馄饨店的老板娘擦了擦门口的桌椅，不知从哪儿摸出一副牌来。这几个老头老太太就坐在牌桌前，吆喝着打起牌来。雨虽细，却密，蒙蒙的雨雾遮掩下，几个老人的身影有些模糊不清，精神抖擞的他们显得年轻了许多。

大约是九点吧，街上热闹起来了，不巧的是下起了大雨。这不是那种浪漫的、富有诗情画意的蒙蒙细雨，而是实实在在、能把人淋成落汤鸡的雨。青年人都匆匆忙忙地钻进店铺。适应了老街生活的人们，不慌不忙地掏出一把伞，慢慢地朝尽头走去。街上很快没人了，古镇笼罩在袅袅升腾的水雾里，让人嗅到了一丝丝温柔恬静的味道。绍兴本就是水乡，无论走在哪儿，你俯下身静静听，都有水流的声音。这条母亲河，曾经河水清澈，不知养活了多少住在河边的绍兴子民。

中午，孔乙己、状元楼这两家最大的饭店开门了，菜单被摆出来了，灯亮起来了。"啪，啪，啪"，每一扇窗户都被推开了，穿着古装的服务员也站在了门口，向每个过路的人介绍他们的菜。香气从窗户里飘出来，一丝一缕，一路畅通无阻地到了老街的尽头。

晚上才是这条街最热闹的时候，华灯初上，所有的店都呈现出忙碌的景象。形形色色的人在这条古街上穿梭来去，音乐已经传进了每个人的耳朵。老爷爷把臭豆腐干切成小块，扔进滚烫的油锅里炸，外皮金黄、酥脆，添加的酱恰到好处地弥补了豆腐的无味，香味一出，口水就流了下来，手便不由自主地伸向裤子口袋里去掏零钱。还有一家宠物店，养着可爱的小猫仔，丁妈说："若是晚上放出来，这整条街就是它们的天下了。"想想也是，寂静无人的街道，只有猫爪踩在屋檐上发出的声音，那该多么别具韵味。

当最后一扇卷门落下，夜，已深了。

神秘的青羊宫

《西川青羊宫碑铭》记载："太清仙伯敕青帝之童,化羊于蜀国。"青羊宫从上古走来,穿过浩渺时光,带着幽邃的足音。我们去青羊宫之前,就听闻了许多相关的传说:老子的出关约定、尹喜的千日赴约……

一进门,当真是"引剑阁之灵威,聚峨眉之秀气"。树木掩映中,一座古建筑若隐若现,上面模糊不清地写着"灵祖殿"三个大字。穿过层层树影,上了节节青灰石板台阶,迈入山门,历经沧桑的老门,早已被来往的人流磨得不成样子。但它仍高抬着胸脯,保持着道教的尊严。欲进门一看,它却拦住了我,跨过去,坚硬的木头夹痛了我的大腿。

八卦亭内,道士教我们道教的三跪九叩。望着眼前的老子,心中充满敬意。从对门出去,远远就见碧坛上香烟袅袅，一群人围着什么东西指手画脚。我们也凑上去瞧热闹，挤进人群，原来这个家伙竟是一头青羊！近看，却发现它是一只"怪物"！讲解牌上说"它长着鼠耳、牛身、虎爪、兔背、龙角、蛇尾、马嘴、羊须、猴头、鸡眼、狗肚、猪臀"。这奇特构造令人叹服！据说，摸青羊的哪个部位，我们身体的相应部位就会健康！我眼睛不好，所以摸了它的眼睛，让它保佑我的眼睛明明亮亮。抬眼望去，"三清殿"三个大字映入眼帘，进入殿中，猛然一回头，恍惚之间，青羊宫中香烟缭绕，游客涌动，回眸一笑，却已千年……那位须发苍白的老人，骑着青羊慢悠悠地来回。

出了正门，听得身后隐隐传来"沙沙"声，循着声音找去，假山石后茂密的树丛中竟还藏着一座"玉皇殿"，丁妈妈向玉皇大帝跪下，捧着签筒，嘴中喃喃念着："湖畔书院众弟子向玉帝祈福……"摇了摇签，一根签掉了出来，我忙凑上去捡了起来，上面写着：九十一签。我们一起去看这签的含义，上面写着几句诗，丁妈说是个好签，大意就是湖畔弟子都能有所成就吧。

游完青羊宫，好歹也受到了一些道教的熏陶，却总也悟不出《道德经》的真谛，直到快出宫门前，看见了一位道长拿着饭碗去用餐，心中方感平衡。他们修道十余年，却也摆脱不了尘世的牵绊，何况我只游览了一次。要修道嘛，等以后再说吧！

武侯祠中仰诸葛

今天我们在武侯祠中祭拜诸葛亮,欲一睹这位蜀国功臣的风采。

穿过拥挤的人群,一条林荫道出现在眼前,顺着林荫道往前走,知了在树上欢鸣,眼前忽然一亮,迎面一座陈旧的老房子立在一棵歪脖老树身旁。跨过门槛,刘备的金像摆在大堂,他头戴皇帝的帽子,面容慈善,耳朵垂到了肩膀,身边两位小童子打着官扇。一群人来了,又走了,一炷香点燃了,袅袅青烟在屋内缭绕,香味弥漫在空中。刘备的金像逐渐模糊,回想从小读过的各种三国故事,一段段悠久的历史故事牵引着我走进了一个非凡的圣境。刘备身为汉室后人,一心想匡复汉室,桃园三结义,与张飞、关羽结拜为兄弟,三顾茅庐请出诸葛亮,带领群雄逐鹿中原。

走出昭烈祠，没过多远便听见流水潺潺声，假山石上留下汩汩清泉，一座石桥横跨于水面，跨过石桥，武侯祠到了。诸葛亮一生鞠躬尽瘁，一心一意辅佐刘备，立下了大功，使蜀国日渐强大，可惜碰见了刘禅，他可是扶不起的阿斗。诸葛亮是多么足智多谋的人，却是出师未捷身先死，虽然没能尽平生之愿，让刘禅统一天下，但他在我们心中的地位甚至超过了刘备，他已成为我们心中智慧、忠心的象征，想着眼眶不觉湿润了。难怪我妈几次吟诵《出师表》，都是泣不成声。

望着屋内的诸葛亮像，我不由自主地走了进去，诸葛亮的塑像也是金的，他一手执羽扇，一手抚琴，身边两个书童挑着书箱，我的心里顿时对他升起一股敬畏之心，合起双手，拜了三拜。边上立着关羽、张飞二人，关羽面如枣色，一把黑胡须垂至胸前，手持青龙偃月刀。张飞被塑成了一个大白脸，一根根头发又黑又粗，像刺猬一样竖了起来。这真是二位虎将！

怀着满腔情感，我仰天长叹，愿我们中国多出几位诸葛亮这样的人才。

锦里，吃货的天堂

锦里，作为一个吃货，我对它充满了向往！昨天傍晚，森严的武侯祠游人散尽，只有几个工人在来回巡查，好像即将来临的夜色中，隐藏着难以提防的阴谋。一只鸟儿在树上婉转地叫着，像一位饱学的宿儒在字斟句酌地吟诵一首工整的七律。

出了角门，正是锦里华灯初上时，人群熙熙攘攘地涌来，一盏盏街灯如约好般亮起，满怀希望地来到这里，却是只看见一群群人从身前挤过。我们只好拉着前面的人的衣服，排成一条长龙，在人群中穿梭。尽管这样，前头泡泡的蓝白衬衫还是一会儿近在眼前，却一晃儿就不见了。书上说，锦里号称"成都第一街"，放眼望去，除了店铺屋顶上闪闪发光的大招牌，便只剩下一个个大大小小的人头了。终于找到一家小吃店坐下之后,才发现背后全被汗浸湿了……

吸取了昨天的教训,今天,天刚蒙蒙亮,我们就背上包,直奔锦里。难得锦里如此空旷,我们兴奋极了,像一匹匹脱缰的野马,冲进了大门。环顾四周,糖三炮、狼牙土豆、伤心凉粉、担担面,这些店全都没开门,我们望着门前厚厚的木板,口水不禁流了下来。再往前走,就有些胖胖的老板娘和员工们清扫着大街。店铺陆陆续续地开张了,人也如潮水般涌来了。知了叫得更响,太阳越来越毒。情景又要回到昨天傍晚的人山人海了!我们一看,三十六计,走为上计。趁人还不多,我们迅速收拾东西,出了锦里大门。

锦里的热闹,一般都在午后。为了一探这热闹,下午,我们又杀了个回马枪,再次进了锦里大门。或许因为我们的到来,阳光跑遍了锦里整条街。夏日的骄阳也拦不住游人热情的脚步,这时的锦里充满了喧嚣。戏鼓咚咚,勾起我这个小戏迷种种尘封的记忆。结义园中,许多人品着清茶、看着川剧。低头见诸葛井里,一眼碧水倒映着蓝天白云。

我随着人流挤到戏台上,只见一个摊子前围着一堆人,探头进去,原来是在吹糖人呀!我也凑上前去请师傅吹一个。只见他用一根竹签搅了一团像云朵似的软糖，拉出一根丝来，用力一弹，丝"吧嗒"一声断了。他将丝递给我，让我往里头吹气。我鼓起腮帮，往里头一吹气，师傅便动作娴熟地捏了起来，先是耳朵，再是脚，再是尾巴……这是只老虎，它慢慢膨胀起来了！硬起来了！当它的身体鼓起时，一只活灵活现的老虎出现在眼前，师傅用笔蘸上各种颜料，画了个"王"字，便递到了我眼前。我舔了舔头上的王字和身上的斑纹，嗯，芒果味！啊，还有巧克力味！甜味在舌尖隐隐荡漾开去，三两口便啃了个精光！吃着自己做的，更觉得美味无比！人流继续涌来，阳光火辣辣的，我们举着糖人，回了见山书院。

爱上锦里，真的可以有许多的理由，它的繁华、热闹，街边的房子、院落，店里的美食、饮料，或是清晨那几个小时的简单时光。

飞鸟暂止栖草堂

中国是诗词的故乡，一代代文人留下了许多动人的诗篇。高适、张继、王翰……他们都有一些杰作流传千古，而"诗圣"杜甫所作的诗却是篇篇都好，颇受后人景仰。

诗名和成就不是白得的，杜甫早年就曾说："诗是吾家事。"他这一生无论得意还是失意，都是诗作不断。

在杜甫因安史之乱家道中落时，好友严武邀他去成都避难。靠着友人的资助，杜甫在浣花溪畔搭建了一座草堂居住。自此，这只四处流亡的飞鸟终于得到暂时栖息的场所。他在草堂住了四年，写了两百四十多首诗，每一首都脍炙人口。如今的杜甫草堂，已经成为一座博物馆。

我们走进大门，从一座石桥上走过，穿过松柏森森的庭院，便来到了杜甫曾居住的草堂。我们在光线幽暗的破茅屋中行走，门槛和窗户早已破得不成样子。我意外地在北面屋檐下见到了一串风干的辣椒，它像农家挂的玉米一样给人温馨的感觉。杜甫的书房是如此简陋，桌上只有一个竹筒，几支散乱的毛笔和一卷翻开的书。在如此孤寂的环境中，遥想诗人当年落魄的境遇与短暂的幸福，真让人感慨万分。"好雨知时节，当春乃发生。随风潜入夜，润物细无声。"杜甫的心情曾因春雨的悄然润物而欣喜。秋夜寒风从浣花溪那头刮过来，诗人坐在一盏昏黄的油灯下，或读书，或吟咏，一首首饱含深情的诗作亦相继被创作出来。"八月秋高风怒号，卷我屋上三重茅。……安得广厦千万间，大庇天下寒士俱欢颜！"他自己住着简陋的茅屋，心里却希望拥有广厦千万间，让其他穷人都有房屋住。这是多么宽广的胸怀！

穿过一个个亭子，一尊杜甫的塑像立在眼前。老年的杜甫身体清瘦，似乎只有一袭长衫和嶙峋的骨头，但他的双眼却满含着忧思愤慨，满含着对祖国和人民的热爱。坐在石桥上，我甚至不敢与他目光相接。在他的目光下，我们的悲愁和怜悯显得多么渺小。走了很长一段路后，我还在后悔手中怎么没有一炷香，以表达我对诗人的崇敬。

杜甫草堂和武侯祠不一样，它不是祭祀文武百官、开国功臣,而是敬仰一位国破家散、贫困交加却心怀天下的大诗人。这儿是庄重的,是肃穆的,像沉思似的,你可以一直沉浸在"诗圣"杜甫的文学世界里,吟诵他的一首首诗,直到心怀敬佩、泪流满面。

宽窄巷的记忆

　　一溜儿青瓦灰墙的长街窄巷中，处处是书中描述的老成都旧时沧桑模样的记忆。我们撑着一把把透明的伞，漫步在这老街巷，只见青石铺路，院墙相连，飞檐翘角的门坊楼阁，细诉着从前华丽与安闲的传说。这样的地方，果然是非宽窄巷子莫属。越来越大的雨，溅湿了裙摆和裤脚，却丝毫阻挡不了我们探寻的脚步，反而洗尽了我们钻山洞、行蜀道的疲惫。

　　创作饿了，是点心时间，我们就开心地探寻老街。要说老街，成都这座跟不上潮流的城市，古老的房子随处可见，而宽窄巷因配上了一段段有趣的故事，就显得更老更慢了。这些老房子建于明清时期，由于历经沧桑，有些地方都破落不堪，但它们的百年故事却吸引着更多的人，你无论在哪间房子里坐下,点上一杯茶,皆可慢慢品味宽窄之间悠长的文化。我们这群小家伙也想着法子去探寻一栋栋老房子里的故事,究竟是怎样的沧桑,怎样的有趣。

喧闹拥挤的宽窄巷中也不乏清静之处,如瓦尔登书店、散花书店,还有见山书院旁边的见山书局。作为一只书虫,我特别喜欢这些地方,就像我们的湖畔书院一样,有成人书店,还有我们最爱的儿童书店。见山书局是一处翰墨飘香的地方,这里闹中取静,名字如同它的气质一样,传递着大道至简的思想。沉香木的味道散开来,在鼻中畅游,一本书中,可见大千世界。我们在见山书院里游学,只要创作完了,就会跑进见山书局,在这里读一本书,度过一段成都的文艺生活。经常是只有一本书,我看着看着就把天给看黑了。

看书看累了,我们就会跑出去找花草树木养眼。当然,我们最爱的是宽窄巷里的芙蓉花。成都又称蓉城,是为了纪念花蕊夫人的,宽窄巷尽头开了一家"听香"——一个郁郁葱葱的花园,我远远闻到些许袅袅的暗香。现在是花开时节,花店又进了一批芙蓉。我忍不住探头进去,在众多花卉中寻找那花色醉人的芙蓉,它们如天上的绚丽彩霞一般,有无法掩盖的光芒。

宽窄巷子,那是一条安逸的老街,可以让人一直缓缓地,悠长地,品着老成都的韵味。

川　剧

　　一戏一别离，一生一悲喜。一方小小的天地，一出闹哄哄的戏，演绎着各色故事，仿佛一场场悲欢离合的浓缩。台上是公子小姐的袅娜风流、英雄壮士的孤愤忠勇，台下是人头攒动的喧闹。

　　因了戏文的演绎，那些在薄暮尘埃里渐渐淡去的人烟，荒凉的郊外，以及流水般抓不住的时光，化为一缕青烟，在我心中久久回荡。川剧的魅力吸引着我，一听见窄巷子中锣鼓大作，我的好奇心就蹦出了胸膛，双脚带我来到了"蜀韵园"，刚要进去，一个大姐姐拦住了我，笑着说："小妹妹，先买票哦!"啊？我心头顿时像被浇了一盆凉水，刚才的喜悦荡然无存，只能趴在木窗户下，踮起脚尖，伸长脖子，望着小舞台上的烟雾从边上涌出。伴随着咚咚鼓声,貂蝉甜美圆润的嗓音早已穿过一层层人群,传入我耳中,"日日思来夜夜想,不知何日解忧肠……"这时,丁妈妈也来了,她也是个老戏迷,二话不说,便给了我两个选择:一是花四十八元钱看川剧,二是拍一张三百元的戏装照。虽然爱美,但川剧像一块磁铁,牢牢地吸引住了我,我还是选择了看一场川剧。

进了门,我最喜欢的《吕布戏貂蝉》正在上演。烟雾缭绕中,美若天仙的貂蝉舞着她袅娜的身子,一步一扭,突然间水袖一甩,左画一个圈,右绘一条长龙,将五彩水袖拖在地上,又转一个圈,看得我眼花缭乱。正欣赏貂蝉的曼妙舞姿,"锵锵锵",吕布上场了,他的目光一和貂蝉相对,顿时神魂颠倒,头上的翎毛不住晃动……正被他二人的缠绵爱情所迷倒,突然,一声怒吼如火山爆发:"吕布,你竟敢调戏我的爱妾!"这二人一听,慌忙跑下台去。

后面还有《皮筋滚灯》《三岔口》等节目,但我仍觉得这个最有意思。终于欣赏了一场川剧,领略了它的风采,来成都不算白走一遭。

变　脸

　　想要在这个多姿多彩的世界生存，我们每个人都要有一项绝技。

　　茶馆旁一家露天的饭店，许多艺人在这儿为客人表演节目。一进门，阵阵丝竹管弦之声传入耳来，清脆悠扬，化作一缕轻烟钻入耳中，却是一曲用二胡和琵琶演奏的《荷塘月色》。伴着《荷塘月色》的音乐，迎来了一位成都妹子，水袖一甩，纤腰一扭，一段开场舞也随着她曼妙的身姿来了，又去了。

　　头顶上一片片花瓣随风飘落在头上、身上、手上。我正兴致勃勃地看着蜜蜂采花蜜，忽然，平地里惊雷一声响，一位变脸大师来了。他戴着帽子，上面的吊坠叮当叮当地响，后面一件大红斗篷不住地晃动。一转身，原来是一位红脸关公。他转过身去,又突然转回来,"唰"的一声展开了折扇,又转了个圈,用扇子往脸上一抹,换了一张蓝脸!台下掌声如雷,太神奇了! 转圈儿,又转圈儿,他又连续两个转身,哈哈,又变了两张脸! 我瞪大了眼睛,就差眼珠子蹦出来了,却也没有看出一丝破绽!

　　只见他一转身,下了台来。我们就在第一桌,近水楼台先得月,他和王得一握了握手,又走到王炜铭跟前,指了指他,又指指自己的鼻子。我们都是丈二和尚摸不着头脑,王炜铭先是一愣,然后便会意了,用手摸了摸变脸大师的鼻子,大师一抖,又变了一张灰色的妖怪脸,我们都笑了起来。他又走到后面,和一个小男孩握个手,转个身,又变了一张魔鬼脸。

　　大师走回台上,双手一抓,这次变回了我们本来的人脸,明明看着他手上什么都没有,可是他用手一抹,又变成了一张五彩斑斓的脸。我们不禁喝起彩来,难道他手上藏了什么宝贝? 想也想不通! 不过,他可真厉害!

汤圆和三大炮

　　沿着154路公交美食车站往前走，不一会儿，一家店铺的招牌映入眼帘，上面写着"自力面店"四个字，虽是面店，其他好吃的却不少。我点了一份醪糟汤圆。这白花花的汤圆，在碗中轻轻荡漾，一股股米酒醇美的浓香钻入鼻中。我忍不住捧起碗喝了一小口，整个人都飘飘然了，仿佛一位仙人用拂尘拂过我的舌头，让我全身酥软，再舀一个汤圆送入口中，里面的黑芝麻馅流入嘴里，舌尖早已甜得没有味觉。丁妈妈也过来咬了一口我的汤圆，直后悔没点这个，我俩一人一口很快就分完了那碗美味的汤圆。

　　成都还有一种颇有声势的小吃——"三大炮"。一进宽窄巷子，就能听见"砰、砰、砰"三声响，不亲眼看见，还真不知是什么。为了来见一见这"三大炮"，我们在人群中来回穿梭,终于来到了一家"糖三炮"店,侧耳倾听,却只有人群的喧闹和师傅大声的吆喝:"糖三炮、糖三炮,累了来一碗,请到屋内享用。"进去一探,才知是师傅怕麻烦,一个个团子根本没经过"炮声"的洗礼,便被直接丢进了竹簸里,案板上的碟子不过是放在那儿装样子的,上面落满细细的粉尘。我看着师傅手脚麻利地装好一碗三大炮,却总觉得没有什么兴趣。正垂头丧气地走在青石板路上,猛地听见前方三声惊雷炸了开来,我先是一惊,然后心中一阵狂喜,这才是真正的大炮啊。摊前人头攒动,调动我的好奇心,凑近一看,只见"三大炮"的摊子上放着一张大木板,摆着十二个铜制小盘子,木板下一个装着热气腾腾的糯米饭的桶,散发出阵阵米香。我们点了两份,师傅便从木板下扯出一团糯米,然后分成三小坨,手一扬,三坨糯米饭应声弹起,准确无误地落到了一个小盘子里,只听"扑通、扑通、扑通"三声脆响,糯米团子们跳过了每个盘子,飞入斜放的竹簸之中。当它们滚进竹簸里时,被均匀地裹上了一层芝麻、黄豆和花生的混合粉,有个服务员拣出沾满香粉的糯米,浇上了特制的红糖汁递给我们,又上一块,不等红糖汁滴下便一口送入嘴中,红糖汁终于流了下来,那香甜从舌尖沁入心脾,片刻又回来了,在舌尖荡漾,太好吃了。

汤圆和三大炮

亲亲平板溪

　　一个人，他或许深不可测，他又或许会在某个时刻对你坦诚相待。世间万物皆如此，就连小溪也一样。

　　花溪，一条平板长溪，和我们所见的任何一条溪都不同。

　　它是一条清澈的溪，溪水源源不断地流淌。想想父母小时候那些清清的河流，捧起来喝是没有任何问题的。十几年后，无数的大网扑向河面，无数道路伸向河面，高楼拔地而起，它枯竭，它干涸，成为一片荒原。而幸运的平板溪，至今依然拥有无限的生命力。它似乎有数不尽的源头。那源头或许在山上，在溪边，在千千万万的花草树木上头——它们清晨凝结的露水滴下来，也能汇成一条小溪，并入江河，流向大海。它的源头在哪儿？我不知道，我以为这座山上流下的泉水是源头，但在另一座山上，更远的山上，也许都有泉水汇入花溪。它的源头无处不在。

它也是一条坦诚的溪。平常的溪一眼望不到底，看上去深不可测，其实一脚踩下去，才发现不过是淤泥。花溪呢，它把自己坚实的胸膛裸露在外面，用脚使劲儿踩踩，回应你的是沉闷的咚咚声。正因为如此，它才心胸宽广。蜻蜓在水中产卵，它欣然应允；小飞虫、小蚊子，在里面做窝，它也点头答应。每天来来往往的游客把脚放在水里，它也不吵，只是默默地接受，似乎那只不过是在它身上挠痒痒。它的职责是不停地流啊，流啊……

我格外珍惜脚下的每一滴水。"一个人不可能两次踏进同一条河"，我感受着水从脚背上流过，从趾尖流过，那种清凉，从趾间一直到心田。我得好好感受这样的水，温柔又带几分爱怜地抚摸我，我一步也舍不得走，因为我知道，走一秒，那水就不是原来的水了。当然，即便我这样静静地不动，水也一刻不停地在与我告别，不舍昼夜地远去，远去。曾经的水一去不复返，眼前的水，永远熟悉又陌生。

溪中还孕育了小蝌蚪、石斑鱼。早上我们去捉鱼，心心紧盯其中一条石斑鱼，用手慢慢地靠近，一碰，它就极其灵敏地逃走了。我们这次就合作起来：心心用手慢慢拢住

它,月月清理掉边上的石头,紫睿用手将它赶到网里,妞妞关注石斑鱼的动向。石斑鱼动了!我们立刻进入一级戒备状态,心心马上慢慢靠近它,它眼看无路可走,猛一个急转弯从指缝里溜了出去。我迅速用石头盖住网,盯着鱼,紧紧地握着网。月月、心心、妞妞三面包抄,用石头碰它,它慌不择路,游进了网里,我一捞,就捉住了一条。那小生命似乎和河流一样,懂得随遇而安,把它放入瓶中,它只是挣扎了几下,也就安然地游起来了。

花溪的水,是温婉的水,它洗净了我们的双手、我们的眼睛、我们的心和整个世界。

花溪斤丝潭

斤丝潭，旧称宝溪，可通净慈泉水，因其深，清澈而不能见底。相传古人悬丝一斤，亦不能测其深。两岸青山夹立，连绵不绝，秀竹滴翠，苍松劲挺，有瀑自断崖飞泻而下，飞珠溅玉，一练三折。石壁书三字，吾细看为"斤丝潭"，字飘逸潇洒，颇有醉翁之意。传当年唐伯虎受科举舞弊案牵连，绝庙堂，游江湖，靠卖书画为生，郁郁度日。至斤丝潭，受白发仙翁点化，酒过三巡，将笔缚于竹竿上，题"斤丝潭"三字于陡壁上，反书"丝"字，取"反思"之意也。

斤丝潭瀑高三丈有余，初为珠帘一副，大珠小珠，落玉而下，有水汽蒸腾其间，袅袅如炊烟，缭绕似仙境。云腾雾绕间，水势陡急，湍流直下，激起千层浪，卷起万堆雪，如千军奔腾而来，似破竹顺流而下。瀑下，内潭水波滚滚，及至外潭,渐化作粼粼微波。

吾等坐于外潭水波之上,茅屋之中,日虽炎而风清徐,光影游于石壁、茅屋,状柔婉似青葱女子,群舞而至,甚奇幻。

此泉虽未名"双瀑争潭""双龙泄玉",但主瀑一侧亦有细流汩汩而下。未有其名,却有其实。潭中鱼群浮游,有似蛇非蛇者,细如一线,乃为铁线虫,众人美其名曰"金丝蛇"。

宋代苏洞有诗云:"一陂潭水绕花身,渌净分明照得人。"虽非吟咏斥丝潭,然此情此景,如是也。

花溪虫趣

花溪,这条闻名世界的平板溪,水多,花草多,游客多,虫子也多。这些可爱的小生命,有的为花溪增添了不少活力,有的却让人厌烦。

好比平板溪上,有几只蜻蜓就会不停地飞来飞去,它们极其灵敏。看!那只红色的蜻蜓飞冲过来,在一株花上停了一会儿,那花被压得低了头,不住颤动,蜻蜓又腾空一个回旋,飞开了。那花这才挣扎着回原地,还哆嗦了几下。蜻蜓可谓是特别神奇的生物,似乎并未在水面上停留,却在极短的时间内往下突降,产下一颗卵,除了缓缓漾开的漩涡,这一切无人知晓。它们就悬在我的头顶,像东方升起的启明星,绿水晶般迷人的复眼闪闪发光。但启明星虽然璀璨,也只能按着自己的轨道运行,若让我当一颗星星,我肯定不愿意。我更愿意当一只蜻蜓,不仅因为它飘逸的飞行姿态,还因为它自由,无人约束,它会在你面前突然消失,又突然出现,忽远,忽近,忽高,忽低,或在不经意的某一个瞬间,用翅尖轻轻擦过你的脸,让你尖叫一声,抚摸着脸颊,既惊喜,又意外。

花溪,花自然多,有花,自然少不了蜜蜂。我在墙角一株花卉旁见过一只,它确实很漂亮,那细密的绒毛就像贵妇人穿的晚礼服,高贵而典雅。所以即使它总是不停地飞来飞去,仍然给人一种娴静雅致的感觉。它足扫千娇蕊,舌探百媚芳,有时我们会觉得它只有忙忙碌碌才能换取好生活,不禁怜悯它。但它似乎不需要我们的怜悯,它过得充实,快乐是它通过自己的劳动换来的,那些坐享其成的人路过蜜蜂身边,它或许还会露出鄙夷的神情。总之,这种黄黑相间的小家伙,真的很勤快。

或许是因为我的血液鲜,到哪儿蚊子都不会放过我,只要一逮着空就叮我,即使我把自己武装到牙齿,它也总能从缝隙中钻进来,让我身上莫名其妙地多出了几个包。所以,花溪这个地方,蚊子多,我静止超过三秒都有危险。

下午,我们进行了一次捉蜻蜓活动,大家拿着形形色色的网奔向了广场。空中有许多蜻蜓,它们倏地飞来,又倏地像鬼魅一样飞走了。忽上忽下，让人眼花缭乱。有时突然来一个急转弯，把我们所有人甩在后面，任凭我们举着网傻呆呆地站在那儿。等我们回过神来，它早已飞远，还不忘回头对我们笑笑，那笑里包含的太多了，是嘲讽，是挑衅，还带一丝意味深长。我们被这个似笑非笑的眼神激怒了，纷纷举网扑它，它在网中间穿梭，灵活自如，但很快它便力不从心。它呼朋引伴，成群的蜻蜓飞来，仿佛在说："姐妹们，要让他们知道得罪我们的后果。"

所有的蜻蜓像飞机似的向我们发起了进攻，殊不知这样给我们制造了更好的机会，小宗猛地一扑，也不知是怎么回事儿，便扑到了一只。金老师捏住它的翅膀把它抓起来，那只蜻蜓还不死心，用脚抱住金老师的手指，金老师只好用两只手分别捏住它的翅膀，这下它动弹不得了。剩下的蜻蜓四散开来，它们的眼里不再有嘲讽，而多了几分跃跃欲试，想要一决高下的样子，小心地向我靠拢。龚震恩又跳起来，猛地扑向第一只挑战我们的蜻蜓，那蜻蜓留了个心眼，向上直升，又回过头来，我怀疑它若是有舌头，定要大扮鬼脸了。

好多蜻蜓飞走了，只剩两只了。现在，我们的人数和蜻蜓的数量一对比，马上占了优势。我们对蜻蜓展开了围

攻,璐璐用网像捞月一样捞了起来,蜻蜓慌乱地在网中扑腾,但一见光,就飞了出去,明显有了胆怯之意,向着天空狂奔。而我,这个狡猾的家伙就躲在这儿,见它飞来,往下一按,将蜻蜓按在网中,它在里面扑腾了几下,又用脚钩住网。璐璐抓起它,一放开,它就飞了出去,飞得很高,很远,直至消失。

美丽的花溪中,不管少了蜜蜂、蝴蝶,还是少了蚊子、蜻蜓,都无法造就它的独特神韵。

黄精之旅

  我是一株土生土长的千年黄精。那时候，我还很矮，是一棵刚刚破土的小芽，哪怕是一只小老鼠都能踩死我。还好，我长在大盘山这深山老林中，无人问津。长大后，妈妈告诉我："孩子，你叫黄精，当年神医华佗进山采药，发现两个壮汉在追赶一个十八九岁的姑娘，那姑娘腿脚十分灵活，壮汉累得气喘吁吁，姑娘却一下子没了影儿，华佗找到女孩，认她做了干女儿，我们才被开发出来。"我这才知道我是一味中药，可以治病。而妈妈这个存活了将近一千年的黄精，肯定很珍贵吧，一定能救不少人的性命吧！

  我不断地吸收雨露的精华，不断地生长，再生长……有一天，一个穿背心的男人鬼鬼祟祟地摸上山来，他找到了妈妈，惊喜地对旁边的人说了一串我听不懂的话，然后

一束光打了上来，山林管理员的声音传来："有人吗？"他们一惊，又叽里咕噜说了一大堆话，就迅速地拔起妈妈，然后消失在夜色中。

妈妈走了，我更加努力地生长。我在道旁，平常没有人注意，我便更铆足了劲长啊长，万幸，这期间一直没有人再靠近我。这样过了一千年的太平岁月。

这日，游客很少，我看见一位穿着旗袍的阿姨、一个老师模样短头发的阿姨、一个娇小个儿的阿姨和一个胖胖的大叔，后面还跟着个小孩子，他们一行从我身边走过。不一会儿，那位大叔就折了回来，向我这边走来。这样挖黄精的人，我见得多了！他心不在焉地将一株像马齿苋、又像铁苋菜的草放入汽车后备厢，又检查了一下车子，往四处看看，又像是怕车边会钻出个人似的东张西望，还用不甘心的眼神望向山中。我知道了，他想偷宝贝，但又放心不下车。想着偷宝贝还想着车？好笑！终于，他似乎下了决心似的，又朝上山的路边走来，他挖出了鸭趾草、糯米团、车前草等一大堆草药，收获颇多，他慢慢靠近我和我的兄弟了，我已经能够看清他的鞋子是什么颜色的了。

我活了一千三百二十四年两个月零五天，第一次如此紧张，叶片抖得厉害，终于，我的叶片被扒开，他喊了一声：

"有钱赚了，发财喽！"就用铁锹将我的兄弟们挖出来，我们的根须交织在一起，一棵小黄精被拔起来，带动了我的根。"咔嚓！啊！"我叶片一震，一根根须被拔起，我极力克制着自己，不要大叫出声，但那大叔还是发现了我："咦，这根须好大，是千年黄精吧！"他终于找到了我，用铲子挖出了我，丢进后备厢里，剧烈的疼痛使我昏了过去，待我醒来，那三名老师和小孩已经回来了，那大叔说道："老师，这是山里挖出来的黄精，最近火了，在网上可谓是网红食品了，有保健的功效。"三人都惊呆了，连连称赞。在光照下，我又昏了过去。

　　那大叔把我带回家，家中有一个生病的奶奶，他生生地掐断了我的茎，我索性闭上了眼。大叔将根洗净，把我和兄弟们堆置在墙头。过了几天，大叔就将我们拾起，和枸杞、菊花等一起丢入锅中，用小火炖了起来，里头还有一些鸡肉。我们不停地翻滚，再翻滚……

　　我感到身体正在慢慢融入汤汁，但我仿佛已经看见了那位老奶奶喝下汤后精神矍铄的样子。

花溪植物志

磐安，名副其实的植物王国，从山外往里望，一眼望不到边的绿像是要滴出来的颜料。

竹

苏东坡先生有一首咏竹诗："宁可食无肉，不可居无竹。无肉令人瘦，无竹令人俗。"这位知识分子原先是吃货，吃遍了大江南北，甚至还自创了有名的东坡肉，算是半个肉食动物了。但面对竹子，东坡先生就宁可食无肉了，那几竿清逸的修竹，是许多文人抛不开的情结，东坡先生就是东坡先生，他不是一个大俗人，不肯抛弃自己的雅趣。

竹，向来便是以挺拔、孤傲、有节操被国人所敬仰。这样的竹，我觉得只有在大盘山这样清静雅致的地方才配拥有。民宿对面的山上就有一大片竹,风一吹,荡起层层涟漪,像绿色的梦境。小雨缠绵的时日,雨打竹林,爽朗有声,推窗而望,烟雨中起伏不定的一大片竹子,如大海般波涛汹涌,让人有淡淡的乡愁之思。竹林的清气,能洗涤俗世的肺腑,让世界为之安静,这样,一颗心才能不再如小鹿般乱跳,冷静下来,径直地回到自己的胸膛里去。

薄叶润楠

穿着草鞋踏入平板溪,逆流而上,我们的目标是薄叶润楠。说是找薄叶润楠,其实只是想玩玩水而已。前方探路的丁丁爸爸停了下来,我们也赶紧加快脚步往前走。看到了一株高大的树,绿意盈盈。我虽然站在太阳底下,但也能感觉阵阵凉意扑面而来。那巨大的树冠,像铁扇公主的芭蕉扇,扇去夏日的炎热。

丁丁爸爸折了两枝,它的叶片是对着长的,我只看见上头一簇叶片,便认定这是薄叶润楠。带上岸来,三姐用手机上的"形色"App一拍,才发现这不是薄叶润楠,而是青冈。它的叶子边缘有锯齿,树干可以搭桥,是坚固的木材。它的果子很像榛子,在上面插根木棍,说不定都能当陀螺了。

这就是大盘山花溪，随处都是令人惊喜的植物，连一棵误打误撞找到的树可能也有大用处。

山核桃

走神，老残。

笃笃笃，笃笃笃，

三斤胡桃四斤壳。

吃侬肉，还侬壳，

味道虽好壳难剥……

这是一首关于山核桃的民谣。山核桃确实是这样，味道虽好壳难剥，宛如一个容貌倾世却性情刚毅的冷美人。我试图把她剥开，却被她无情地拒绝。它身上那些密密麻麻的"甲骨文"也愤怒地扭曲了。这让我多丢脸，我试图使用暴力把它咬碎。的确，这样一个冷美人，有多少人见了会心动，想让她轻解罗裳，让幸福在唇齿间萦绕不去。我粗暴地咬开她的壳，本以为这样能迫使她投降。但她不肯，剩下那半个身子虽然已经沾满泥土，但仍是微微摇晃着，在风中记录着石头一样的倔强。我没想到她如此坚贞，然秀外慧中，宁为玉碎，不为瓦全。这虽是一个好品质，但用在核桃身上很不恰当，我觉得用在士兵身上挺好，至少我不吃士兵。

听说有一种专门剥山核桃的工具，叫"胡桃夹子"：其中一部分叫"狼牙"，另一部分叫"虎爪"，虎爪用来固定，狼牙一撬就开了。它们名字虽凶残，但行动却像绅士，温柔地掀开她的盖头，美人只有面对这样的绅士才会主动投怀送抱。我试着用虎爪固定住核桃，但她滑溜溜的，不停地滚来滚去，我又试着用狼牙撬，但她虽被撬开，仍然是分成两瓣，一副任性的样子。什么胡桃夹子，是骗人的吧？不能吃到山核桃肉的我气急败坏，唉，谁让我不会用胡桃夹子呢？！

苔

"苔花如米小，也学牡丹开。"苔藓随处可见，一点点，一丛丛，遍地都是，就是在狭窄的墙缝里，它也能努力撑起一片绿意。苔藓在山中遍地生长，就像是大盘山的某种标志，更像是一个遥远的梦。夏天，多么蓬勃的季节，山是绿的，树是绿的，脚下蜿蜒的小径也是绿的，直绿到了石头缝里。

它像一个小女孩儿，穿着暗绿的衣服，躲在没有阳光

的房子里,安静地写着一些寂寞的文章,偶尔在门前转转,那背影阴郁,幽远,苍凉。但她每一个脚步都坚实有力,而不是虚无缥缈。回眸一笑,她那股自信的笑容挂在嘴角,似乎已经做好了占领整个山野的准备。真的,山里的青苔都是一根一根对长的,像鹿角,又像水草。它们从花坛上倾泻下来,每一根都指向天空,像一只只纤弱的手,是要呼唤什么?是要抓住什么呢?总之,那是一个非常有野心的生命,不停地长,不停地长,好让自己能够更好地倾听大地的心跳声,更好地营造出一片碧绿与幽蓝,让人更好地感受生命的力量。

青苔,青苔,多么好听的名字,让我感受到从远古时代传来的凉意,像是清晨的风拂过,像是黄昏悠扬的笛声,更像是路过寺庙时,和尚敲木鱼的声音,一下,一下,让人如在梦境,远离世事……

普达措的小精灵

走在云南香格里拉普达措国家公园的小路上，眼观群山连绵，耳听小溪叮咚，一条瀑布向一个幽静深谧的水潭里流下，几块石头挡住了去路，霎时，白浪滔天，水花四溅，下面的水潭波浪滚滚，好一幅壮观的画面！

原始森林里的大树遮天蔽日，时不时传来几声清脆的鸟鸣。路上一片寂静，只有小溪流在唱歌。走着走着，忽然听见前方喧闹声一片，我拉着妈妈跑过去，只见一群人围在一棵树旁，大人们拍照，小孩儿们又蹦又跳。我正奇怪，忽然一团橙色的火球从树叶间一闪而过。"松鼠！"我不禁叫出声来，没错，就是一只松鼠！走近一看，原来松鼠也不全身都是橙色，背上还有一些深灰色的条纹，两只眼睛圆溜溜的，好奇地打量着过路的行人。我捡了颗瓜子儿放在手心里，走到树旁，向松鼠摊开手掌，松鼠用那双圆溜溜的大眼睛看了看我，又看了看瓜子，把头探过来，"亲"了我一口，然后叼起瓜子跑了。我简直不敢相信自己的眼睛，它"亲"了我！我的指尖触碰到它的身体，它的毛软软的，可舒服了。

我们又往前走了一会儿，看见一些倒在水里的枯木。我正疑惑：这些树怎么倒在水里？这时，妈妈叫我去看一块牌子，上面写着"湖边和森林里的枯倒木"，大概是说："生长在原始森林里的树木到达了生长的极限而自然枯死，经风吹或雪压而倒塌……"读到这里，我回头望了一眼水里的枯倒木，一棵棵自然死亡的老树横七竖八地躺在水里，仿佛在诉说着千百年来的沧桑……

岸上也有一棵枯倒的大树，上半截已卧倒在地上，只留了遒劲弯曲的树干还扎根在土地里，它造型奇特，像一座巨型的"根雕"。我爬上"根雕"正准备拍照，妈妈突然叫道："有一只松鼠在你头顶上！"我忙抬头看，可是头顶上并没有松鼠，再往右一看，哈，这不就是一只松鼠吗？这个小家伙果真在我头顶的"根雕"上绕来绕去，好像很喜欢我。我的目光不断追随着它，它又灵巧地避开，好像在和我捉迷藏。我忙掏出刚买的青稞馒头喂它，它就慢慢靠近我的小手，亲了我一口，叼起馒头跑了，一转眼的工夫，就钻进密林不见踪影了。

一路上，我收到了许多小松鼠的"吻"，它们都很喜欢我，见到我就摇尾巴。难道是因为我昨天吃了松子，它们闻到熟悉的味道，把我当成同类了？哈哈，真有趣！

不知不觉中，我们已经走到了原始森林的尽头，在这里我见到了最后一只松鼠，把仅剩的一点点青稞馒头喂给了它，才恋恋不舍地离开。上了车，我又向原始森林望了一眼，仿佛看见那些可爱的小精灵，在云杉和冷杉之间轻盈地跳跃……

云南野象谷

　　来到野象谷，正好赶上大象学校的象宝宝们在表演。我们走进去看，象宝宝们正在"踢足球"，只见"芬达"用鼻子卷起球，退后几步，猛冲上去，走——，足球像流星一样飞过操场，直向守门员撞去，守门员迅速接住了球。"芬达"好像有点泄气，很想再比一场，可惜轮到其他大象了。讲解员说，"芬达"是大象学校的班长。我想，连班长都踢不进球，其他几头大象自然也踢不进了。我们看了一会儿，就离开表演场，去坐缆车。

　　我们坐上高空缆车，开始在热带雨林中寻找野象的踪迹。坐了一会儿，妈妈听到下面有"砍树"的声音，我们向右前方看去，只见竹子左右摇晃，发出"沙沙沙，沙沙沙"的响声，一头大象正用鼻子卷起一根竹枝，放进嘴里津津有味地嚼着。可惜缆车不会停下来，这场景转瞬即逝。之后，我们再也没看到一只野象的踪影。这时，缆车已经载着我们到达了山顶，可是并没有索道站，向下望去，仍是一个长长的陡坡，再前面，又是一座陡峭的山峰，难道我们要翻越两座山吗？果然，翻越了两座山后，我又看到了一座挺拔的山峰。原来，我们是在一条条山谷中穿行。又坐了一会儿，看见了一条"黄河"（浑黄的河流）从我脚底下流过，我想，那应该是大象们洗澡喝水的地方吧！

缆车终于到站了，我们下了索道，准备去走高空栈道。走在栈道上，暖暖的阳光照在脸颊上，真舒服！可是一路上仍然没看到大象，却意外地看到一只猴子趴在树上呼呼大睡。我蹑手蹑脚地走过去，生怕惊扰了它的好梦。不过我很快发现，根本不需要蹑手蹑脚，大家喧闹着走过去，可那只猴子却一动不动，仿佛是假的。我摸了摸它垂下来的长长的尾巴，"假猴子"突然动了一下，可把我吓坏了！我还以为它会跳下来抓我呢，不过，它就只是动了一下，又趴在树上呼呼大睡了起来，真是只懒洋洋的猴子！

没走几步，前方的人群又热闹起来，我凑过去一看，呀，原来几只猴子正在树上好奇地打量着我们呢！原先是三只猴子，一只坐在树干上给自己挠痒痒，一只呆呆地坐在那里，还有一只在吃香蕉。后来，越来越多的猴子从树顶跳下来，大概它们都想抢镜头吧！这时，一只个头中等的猴子又蹿上树顶，提着一根香蕉"飞"了下来。不久，又有几只猴子也都提着香蕉飞了下来。最后，差不多每只猴子都有一根香蕉了，它们同时剥开香蕉皮，大口大口地吃起来，似乎在进行一场吃香蕉大赛。一只小猴子吃饱了，心满意足地拍了拍肚皮，爬上树想锻炼一下，它在那里伸伸胳膊踢踢腿，做了几节"体操"。突然它跳上旁边垂下来的一根竹竿，荡起秋千来，围观的人群都鼓掌喝彩。猴子似乎满足了，从竹竿上跳下来，向人群表示感谢。几只大猴子已经在享用第二根香蕉了，看它们吃得津津有味，我也忍不住咂嘴说："嗯啊嗯啊，好吃好吃！"正起劲，突然妈妈说道："我们要走了。"我只好离开了猴子的"舞台"。

又闲逛了一会儿，我们来到了百鸟园。百鸟园里的鹦鹉各种各样，它们颜色都不同，有的是纯白的，没有一丝杂色。有的是彩虹色的，红、橙、黄、绿、青、蓝、紫，各种绚丽的颜色在阳光下闪闪发亮。最激动人心的时刻来临了，饲养员让我们把右手举起来，手掌向上托举。我坐在第一排，很快就被发现了，饲养员吹了声口哨，一只色彩斑斓的金刚鹦鹉"呼"地飞到我的手掌上，摆了一个酷酷的姿势，等着摄影师给我们拍照。咔嚓,闪光灯亮了,拍下了我和这只可爱的金刚鹦鹉。这只鹦鹉带了个头,刹那间全场大大小小的鹦鹉全飞腾起来,落在无数双托举着的手掌上,它们的翅膀互相摩擦,发出一片"沙沙"声,全场发出欢呼声。

我们在莲花池边欣赏了美丽的睡莲,又来到了蝴蝶园。哇,成百上千只蝴蝶在园子里飞来飞去。我从没见过这么多蝴蝶!黑蝴蝶、花蝴蝶、白蝴蝶,还有珍贵的枯叶蝶!它们在我面前飞来飞去,让人眼花缭乱,有的停在花朵上,有的落在树叶间,有一只枯叶蝶居然停在一位爷爷的棉麻衬衣上,真是太有趣了!

走出蝴蝶园,我们来到停车场的外面,见许多人围着一个大笼子观看,原来里面关着一条黑色的大蟒蛇。大蟒蛇蜷缩在那里一动也不动。有人抓着另一条大蟒蛇,和路人合影留念。我也赶快跑过去,让叔叔把大蟒蛇套在我的脖子上,这大蟒蛇可真重,有碗口般粗。哦,这是一条花蟒蛇,长着黄绿色的斑纹,它温驯地绕在我的脖子上,还吐着红信子,嘴里发出嘶嘶的声音,但我一点也不害怕。妈妈给我拍照,它的头却左扭右扭,一点都不听话!

我们欢欢喜喜地向停车场走去,不过,我有点闹不明白,这大名鼎鼎的野象谷,怎么看不到几只野象呢?其他动物却不少,不如改名叫"云南野生动物园"吧!

有神仙的终南山

　　我们从终南山的山脚往上转啊转,山路很弯,我们在车里颠呀颠,像坐过山车一样。透过窗户往外看,一面是峭壁,一面是深渊,如果你仔细听,能听到瀑布的声音。大家都争着拍外面的风景,我也把妈妈的手机抢过来拍。大家都跟着我一起吟诵关于终南山的诗:"终南阴岭秀,积雪浮云端。林表明霁色,城中增暮寒。"快到山顶的时候,出现了古道、小桥、流水和白老师的终南山书院。我们下了车,一阵寒意袭来,虽刚入十月,可这山中已如冬日般寒冷。我们把行李箱里能加的衣服都裹上了身,然后去书院拜访白老师。这是一座简朴的书院,有空中阳光讲堂、菜园,还有师生宿舍。健身器旁的两只小狗,一看见我们就汪汪大叫,我很不开心。院子里有师兄在砍柴,还有师姐在泡药酒。白院长在院子里教大家练终南山长生不老神功——"扭麻花功"，他还送给我们一大袋刚摘的核桃。

接下来我们要去蓝天音乐道长家。绕来绕去，到了另一个云雾缭绕的地方，却还没有到。又往上绕了好久，才到蓝天道长家。那是一扇大红门，门两边的大水缸里种着荷花。进了门，一只小狗朝我跑来，道长说它叫"圆点"。院子里的火炉上正在烤板栗，蓝天道长已经穿着厚厚的棉袄了。我们撩起竹帘进屋喝茶，这茶可不一般，是用鲜花和茶叶煮的，喝了延年益寿。听说煮茶的慧姐曾经参加斗茶比赛，得了二十五万元奖励，开了十四家茶店。我和小妹妹在院子里的花架下画鸟，正画着，"圆点"跑过来把我的颜料盘打翻了。我正生气，妈妈叫我进去听音乐。我进去一看，原来道长正在用一根拐杖做的笛子吹奏乐曲，我坐下来全神贯注地听，笛声悠扬，虽然是在屋里，却仿佛走进了森林，草木茂盛，鸟语花香。蓝天道长不但会用拐杖吹奏，还会用很多种奇奇怪怪的乐器：参差不齐的竹子做的排箫，陶土做的埙，还有无忧鼓……难怪说，她一个人就能演奏整场音乐会呢！蓝天道长出身音乐世家，从小就跟着父母到处去演奏。她创作了很多森林音乐，每一首都让人恍入仙境。

等我们听完音乐,准备下山的时候,夜幕已经降临,云雾笼罩了整座山。车看不清山路了,丁妈妈建议到半山腰的至相寺去投宿。我们在寺庙大门口敲了半天也没人开门,这时,夜色中一辆给寺庙送米的车开了过来,终于有人开门了。我们正担心进不去,只见一个又高又胖的师父冲着我们喊:"你们来了,不认识我啦?"我们左看右看,都觉得很奇怪,丁妈妈拉着我妈的袖子说:"也许是上辈子见过面的。"我心想:这真是一个长生不老的师父。这时,又来了一个"济公师父",他长得像电视里的济公一样,头戴破僧帽,身穿破袈裟,脚踩破草鞋,左手拿着一串佛珠,右手摇着一把破扇子。"济公师父"带着我们在寺庙里摸黑绕了很久的路,才到了住宿的地方,刚进房间就有人喊我们去吃饭。我想:这么晚了还有饭吃,真是太好了!又摸黑绕了很久,才到了斋堂,引路的师父"吱呀"一声打开木门,只见里面灯火通明,坐满了师父。听说这是药石饭,只有开楞严大法会时才有的。

一觉睡到天亮,听说丁妈妈听到凌晨的钟声就去做早课了,她说路过钟楼时还听到"济公师父"在唱晨钟偈。天亮了,我们拎着蓝天道长送的板栗去给佛祖上供。天虽然亮了,山里还是云雾迷蒙,隐隐约约看到很多古老的寺庙。

听师父们说,这个寺庙的后山还有很多个洞窟呢,每个洞窟里都住着一个打坐修行的师父,可以五年十年不吃饭。我怔住了,原来这里住着很多长生不老的神仙啊!

冬游黄山

一

雪花纷纷扬扬,已经飘了一夜。雾气迷蒙的早上,我穿着睡衣,打着哈欠推开窗户一看,外面白茫茫一片,栏杆上落了一层薄薄的雪。大清早行人不多,地上只留下了几串看起来步履匆匆的脚印,还有一只猫撒欢儿时留下的痕迹。

早餐是一碗热乎乎的鸡蛋面,民宿伙计告诉我们今天是个好日子,黄山顶上可以看到雾凇,运气好的话,还有云海可以看!我们匆忙吃完了面,导游的面包车就停在了门口。车轮所到之处,溅起了些许雪花,留下两条清晰的印迹。坐上面包车,大家的心情似乎都特别愉悦,车里一片喧闹声。面包车在黄山脚下的车站口停了下来,大家陆续下车,等待上山的大巴车。导游三十来岁,谈吐幽默,戴着一副框架眼镜、一顶橘色帽子,厚厚的棉大衣将他整个人包在里头。看他这样,我们都不禁下意识地裹紧羽绒服,拉好帽子,戴上口罩,那样子就像个刺客。不久,前面就传来了"道路结冰黄色预警"的通知,大巴车要晚一点才到。大家默然站了一会儿,均觉没趣,也就散开去附近玩儿了。

车站里有个小店,我们都凑过去,想看看卖些啥,老板娘很健谈,打开话匣子就滔滔不绝地介绍起来:"这里有手套、围巾和帽子,都是手工编织的,比较保暖,山上很冷,没有的赶紧备起来哦! 对了,钉鞋是必不可少的!""停,"一人打断了她的话,"你再说一遍,那个钉鞋是干吗用的?"导游插了进来,说:"这种天气,山上地面容易结冰,钉鞋可以防滑! 不过,想滑雪的可以不买哦!"说完,大家都哄笑起来。导游说着又掏出他的钉鞋给我们看,和店里卖的差不多,只是鞋底的铁钉,因为长期使用被磨得锃亮锃亮的!我们纷纷掏钱,毕竟从那么高的山上滑下来可不是什么好玩的事情! 老板娘乐开了花。不一会儿,我们每人都得到了一双钉鞋,大家兴致勃勃地摆弄起来。大巴车进站了,正在兴头上的我们纷纷收起钉鞋,上车找了个空位坐下。

车上依旧是那种熟悉的汽油味，我不由得拉紧了口罩。然而时间不容许我们多做什么，大巴车很快就上了盘山公路。所有人的目光便像是牢牢地贴在了窗玻璃上，刚开始风景还和山下没什么两样，越往上走越美！那嶙峋的怪石，挺立的松树，还有连名字也叫不出的奇花异草，令人惊叹！到了半山腰，栏杆上、植物上都结了一层薄薄的霜，越来越厚，那渐渐素白的天地，便如小时候读过的那些童话故事，如梦如幻……

再开了一会儿，窗外的雪越积越厚，我们绕过了大半个山头，天空中竟飘起雪来！导游手舞足蹈地告诉我们，我们来得正好，可以看雾凇，赏黄山雪景！大家高兴了一阵后，便无人再说话。山路上静得出奇，只有车轮碾地声、几只鸟儿的欢叫声和雪落下的"沙沙"声。雪下大了，如果你用手轻轻抹去窗玻璃上的水汽，就可以看到几片雪花粘在玻璃上，晶莹剔透，无一相同。不知是不是路面结冰的缘故，就像有人往大巴车轮子下吹风似的，大巴车渐行渐快，滑滑的，有种踩在云端的飘飘然之感。很快，大巴车便在一个木牌子下停了下来，我们又全副武装，走进了前方的雪中。路面上确实有一层冰，一步三滑，我们走得小心翼翼，正好是逆风，寒风夹杂着飞雪直朝脸上扑来，导游和叔叔们走得飞快，不一会儿前方就看不大清了，雾中人影如时光错乱般影影绰绰，重叠在一起。

二

　　我们就这样在风雪中摸索前行，雾渐渐散去，前方取而代之的是几排栏杆和一幢若隐若现的小房子。导游去买索道票，我们便在平台上休息。石级上积了不少雪，还有许多杂乱的脚印，有些痕迹甚新，鞋底的花纹清晰可见，而有一些早被雪覆盖，只依稀有个轮廓。我用登山杖在上头随便写了几个字——赵蕴桦到此一游，也算是做个纪念吧。导游还没来，我摘下手套，用手轻轻捧起一些雪，这是久违的雪啊！这么一捧，那清凉的感觉在指尖融化，传遍全身，霎时，仿佛从脚底开始冒白气，"咝咝"，接着，全身开始发热，一直热到耳根。这或许是好久不见的雪朋友，送给我的一个不错的见面礼吧，真是奇妙的感觉！我搓了搓冻得发红的手，戴上手套，朝人群走去。

　　导游在发缆车票，我们每人都得了一张。冷冷清清的索道站顿时热闹起来，倚在椅背上打盹儿的工作人员站起来给游客检票。轮到我们了，我们快速地登上了缆车，看着前面的玻璃门缓缓合上。缆车一阵抖动，要"升空"了！

我心中不禁有一种莫名的激动,虽然不是第一次,然而被这么独特的雪景挟持着,一定会有不一样的奇遇吧!

心中这样想着,缆车已经在半空中了。没有人说话,我们都望着窗外。玻璃上留下了好多水汽,窗外是一片银装素裹的世界!离我们近的是一串串冰凌,它们从树枝上挂下来,晶莹剔透。寒风凛冽,吹散云层,躲藏了许久的太阳洒下一缕阳光,冰凌上反射出几个闪亮的光圈,像个调皮的小孩儿在枝叶间穿梭,令人捉摸不定。又是一阵抖动,缆车钻进了前方的云雾中,前方一片迷茫,刚才钻进去时,似乎有个洞,现在那洞也在身后悄无声息地合拢了。缆车渐行渐慢,我们贪婪地看着窗外:团团云雾像海浪似的在空中翻滚、碰撞、拥挤……虽没有海那样蔚蓝,也没有海那种山崩地裂的呼啸,但它如此宏大壮阔,如此汹涌澎湃!既有海的浩瀚,又有海的气势!

穿过云雾,又走了一段,再回头望时,太阳已经出来了,一轮红日悬挂在云海之上,将它们彼此衬托得格外美丽。我们惊呼起来,爸爸架起相机急摁快门,无奈隔着玻璃窗,看去模糊不清。突然又飘来一团云,挡住了相机镜头……我们都为错过了这一美景而惋惜。不过,幸好,我们的眼睛记住了那动人的一瞬。缆车更慢了,雾中隐约可见索道站了,缆车连着抖了三阵,平稳地驶入了索道站,我们赶快背上包,下了索道。

三

山顶更是别有一番天地,旅游淡季没有了拥挤的人群。不像去天安门看日出,起大早要挤半天还只能看到人腿,人们里三层外三层围满了整个广场。此时此刻,正因为人少,感觉空气无比清新!大家四处散开,赏景拍照去了。

导游在那头吹起了哨子:"徽行侠第九大队集合啦!"他带着我们走到台阶前,导游走下去后,大家面对结冰的台阶都望而却步,谁也不想成为第一个"滑雪"的人。导游看到了,便叫我们穿上钉鞋。对呀,这么重要的关口,怎么把钉鞋忘了?大家一副幡然醒悟的样子,纷纷找出钉鞋,钉鞋好比鞋套,套在脚上,脚底的铁钉紧紧地抓住冰面,大家下台阶时都安心了不少。

因为大雪,景区封了天都峰、莲花峰,连西海大峡谷也不能进,我本来还想写一写爬天都峰,和书上的那篇课文比比呢,看来是不行了!我们直奔黄山最高峰——光明顶。沿着崎岖的山道攀登,大家刚开始还劲头十足,有说

有笑。树上积了一层厚厚的雪，用登山杖一敲，雪就扑簌簌地落在头上、肩上、身上，和天上纷纷扬扬落下的雪融在一起……这些美好的瞬间，都被爸爸的相机镜头定格下来。大家拍照玩耍，兴致高涨！

再爬了一会儿，就有些吃不消了，有的擦汗，有的喝水，我也累得够呛，望望前头那陡峭的台阶，它们仿佛在捉弄我似的，越看越长，竟一眼望不到尽头！吃了点干粮后，我们又鼓起勇气向上爬。到了一个平台上，导游让我们休息一会儿，他的小音箱里传来了《沙漠骆驼》的歌声："我要穿越这片沙漠/找寻真的自我/身边只有一匹骆驼陪我/这片风儿吹过/那片云儿飘过/突然之间出现爱的小河……"我们也都被音乐带动，顿时精神又饱满了。不过这种状况并没有维持多久，山路越来越陡，我们走得越来越艰难，导游在旁边加油鼓劲，我们却一个个像霜打的茄子——蔫儿了，谁都抬不起头来，步伐沉重，空气似乎都凝重起来，一片死寂，背上的包也变成了千斤大石。

这时，导游看了看指路牌，突然说："快到了，看前面！"我们顺着他手指的方向看去，只见一个尖顶在不远处的云雾中若隐若现。"耶！"大家欢呼起来，加快脚步，导游的话又给了我们信心，我们连上台阶都是一蹦一跳的！

功夫不负有心人，光明顶终于近在眼前。站在光明顶往下望，山下一片迷茫，我不禁高声朗诵："云蒸霞蔚平如镜，孤岛漂浮海上舟……"听山下松涛一阵高过一阵，感觉自己好像成了年轻时的杜甫，豪情地吟啸着"会当凌绝顶，一览众山小"的诗句，享受着"群峦俯首拜方道"的快感。虽然我们没在光明顶上看到日出，但能想象，在清晨三四点，会有一群人围坐在此，一动不动地仰望太阳升起的地方。那些身影如同一座座雕塑。不久，在他们目光交集处，是喷薄而出的金乌，搅动天地的云海，那该是何等壮观的景象！

11:30了，我们的肚子不争气地抗议起来，陈民叔叔从袋里拿出一盒盒自热米饭，我们都凑过去看，"哇！"海南鸡饭、土豆牛腩饭、咖喱鸡肉饭，一看就很好吃！还有两个自热火锅。嘿嘿，终于能满足我这吃货的肚子了！爸爸和陈民叔叔倒腾了一阵，几盒饭开始陆陆续续冒出白气，开始加热饭菜了，我们便在一旁盯着看。看了一会儿觉得没意思，我和嘉怡就去玩雪了。我们决定堆一个雪人，戴上防雪手套后到处去收集雪。虽说雪很厚，但地面上的雪布满黏土的脚印，树枝上的雪一抖就落，栏杆上的雪残留着方便面的油渍……这些雪我们都不需要。我们精挑细选，才

找到一些洁净的雪,堆起了一个小小的雪人。它体形虽小,却是洁白无瑕,娇俏可爱,两颗桂圆核儿做眼睛,两根树枝做手臂,一副栩栩如生的样子!正欣赏着自己的杰作,一阵饭菜香飘来,我们赶紧去吃自热饭了。在这寒冷的山上,能吃到香喷喷的热饭菜,真是无比满足呢!

四

导游又喊集合了,我们的饭还没有吃完,导游便告诉我们路线,带着其他人先行离开了。我们匆匆吃完了饭,便一路朝导游那边追去。然而我们对这山路不熟,走了一会儿便出现了岔路,我们只好看指路牌,朝着迎客松方向进发,一路上也拍下不少风景,比较顺畅。

可是在快到玉屏楼迎客松观赏处时,又有两条岔路,我们选了一条有台阶的路往下走,走出一个窄窄的洞口,眼前豁然开朗,仿佛穿越到另一个世界。这里除了小路上有一行人留下的脚印,其余都是白茫茫一片,我们拍了好些照片。到了一个洞口前,栏杆上、台阶上结了一层薄薄的冰,我们弓着身,小心翼翼地往下走,台阶很陡,我们的心都提到嗓子眼儿。走完台阶,我们都出了一身冷汗。

迎客松终于近在眼前,它张开双臂,迎接来来往往的游客。它生长在玉屏楼左侧，倚青狮石破石而生，距今已有八百年了。我不禁想到了郑板桥的诗句："咬定青山不放松，立根原在破岩中。千磨万击还坚劲，任尔东西南北风。"虽说这首诗是写"竹石"的，但我觉得用来描写迎客松也很恰当呢！迎客松像一个玉树临风的绅士，伸出一只臂膀欢迎远道而来的客人，另一只手优雅地斜插裤兜里，雍容大度，姿态优美。

迎客松周围岩石边还有好多这样的松树，它们有一个共同的名字，叫"黄山松"。爸爸给我摘下一根小小的松针，上面凝结着一块晶莹剔透的冰晶，我将它含在嘴中，让冰块在舌尖融化，啊，黄山松上的冰，竟带着一股松香呢！

光明顶日出

  黎明的光明顶,被一层薄雾笼罩,相隔甚近的人还在私语,但只闻其声,不见其人。空气中沁了凉意,找一处光滑的石头斜靠下,背部感到阵阵凉意,让人感觉自己不是这个世界的人。

  光明顶日出,向来是黄山的一大奇观。凌晨三四点,就陆陆续续有人上峰来。峰上连个落脚的地儿也没有了,有时你往边上一挪,就会碰到人。三四点,天边出现了第一道光,刚才还像市场一样热闹的山顶,顿时静了下来,仿佛那光具有魔力,可以普度众生一般。我们屏住了呼吸等着,但云彩存心和我们作对,那光不一会儿就不再扩大,像是机器人断了电一般不再继续。人群骚动起来,我在心里暗暗为太阳捏了把汗,不过,后来斗争停了,云朵慢慢散开,天空还是一片浅蓝,但很快天边出现了一道红霞,我们可以看到下方的云海啦！不看则已,一看则令人大吃一惊。站在山顶俯视云海,只见它如海涛般起伏不定,遇到崖壁,它有时就飞泻下去,十分潇洒;有时像水一样舔着崖壁,慢慢地淌,羞羞涩涩……我们看得正入迷,这才注意到前方翻腾的云海被镶上了一层金边,太阳要出来了,我便目不转睛地望着那里。果然,太阳终于在与云海的斗争中胜出,它探出了小半边脸,很红,在一片淡淡的天空中格外夺目,但没有亮光。它好像背着一座大山一般涨红了脸,慢慢地努力上升,在上升到一半时,周围的云便有了光彩。光明顶上的人都静了,大家的脸上竟是庄严肃穆之情,似乎我们不是在看日出,而是在面对着天安门冉冉上升的国旗顶礼膜拜。

最终,太阳冲破了云霄,我们就看见一轮红日从云海中腾跃而起,刹那间,这个圆东西忽然发出了夺目的亮光。这时要分出哪儿是哪儿,确实不容易,因为不管是看天看太阳看云海,还是看周围的一切景物,全都是金灿灿一片,连我们自己也成了光亮的了。大家都惊呼起来,手忙脚乱地拿相机,紧接着便是一阵"咔嚓、咔嚓"按快门的声音。天色由红转黄,由黄转白,像一个画家打翻了颜料盘,空中绚丽多彩。不知不觉间,天已接近大亮,群峰也隐去了金光,和白天无异。

黄山,人们都说他是个闯荡江湖的仗剑少年,而在光明顶上,那喷薄而出的金乌,搅动天地的云海,大概便是少年倚天仗剑的豪情。

品　茗

今年暑假,我们湖畔书院的同学一起到杭州游学。这天,我们到中国茶叶博物馆参观。走进博物馆,一股茶的香味扑鼻而来。我循着香味寻去,看见了绿茶、黑茶、红茶、白茶、乌龙茶、黄茶,它们分别被装在几个玻璃罐子里。我见到茶,便迫不及待地冲了上去,想看看是否能喝。仔细一瞧,有一个牌子上写着"免费品茶区"。我忙招呼朋友们一起来喝。我接了一杯黑茶,品尝起来,吸了几口,感觉到了浓浓的苦味,苦中又带点儿甜。一转头,看见了月月,她也和我一样,先吸了几口,然后一口喝完了杯子里的茶。我们书院里经常有茶道课,所以大家对这些茶都不陌生,除了黄茶很少喝以外,其他茶都经常喝呢!

我又接了满满一杯红茶,端起杯子尝尝那熟悉的味道,情不自禁地回忆起往事:小时候,书院里的云南滇红是我的最爱,我小时候玩的过家家游戏就是泡红茶、喝红茶,我跟红茶有不解之缘……想着想着,一杯红茶已经被我喝完。啊! 装着美好回忆的茶,永远是最好喝的!

喝完茶,我们又去了茶史馆、茶具馆、茶俗馆等。参观的时候,我们不时看见几个金发碧眼的老外,他们一边聆听导游的英文讲解,一边点着头,还叽里咕噜地说着一大串我完全听不懂的话,大概是在提问题吧! 当他们看到柜台里展示的那些精美的茶具时,眼里露出羡慕的神色。导游叔叔告诉我们:近年来,中国传统文化越来越受到世界人民的喜爱,许多老外都到中国来参观旅游,学汉字,打太极,看戏曲,他们尤其喜欢喝中国茶,不仅爱喝,还想了解中国茶的历史文化。这不,博物馆每天都接待好多外国游客呢!

到了茶萃馆,我看见了各种各样的茶饼,有方的有圆的,有白的有黑的,还有和我的"嫁妆"茶一模一样的呢! 那是一根长长的"柱子",丁妈妈说那是"千两茶"。我们湖畔书院里也有这么一根颇有年头的"千两茶",三十多年了,可以切成五十个茶饼,一个茶饼价值三万块,听说喝一口就值三块,哇,好贵的茶哦!

下午，我自己做了一杯奶茶，就是把冲泡好的红茶和旺仔牛奶兑在一起，搅拌均匀，茶香伴着奶香，味美极了！这是我们茶道老师教的绝招，比店里卖的奶茶好喝一百倍！到了创作时间，我坐在一幅巨大的云南古茶树画前，一边喝奶茶，一边细细地描绘这棵古树。画着画着，我觉得自己已经在茶园里了，眼前有许多高大的古茶树，透过茶叶，仿佛看见上古时期的神农氏在采茶；抚摸树干，如同抚摸着陆羽的《茶经》，耳畔回响着卢仝的《七碗茶歌》："一碗喉吻润，二碗破孤闷。三碗搜枯肠，唯有文字五千卷……"

我爱茶！我的一生离不开茶！茶是我最好的伴侣！

一种雄伟、震撼的美

就在不久前,我和爸爸妈妈,还有丁妈妈、三姐一起去了山东孔庙,那儿有一种雄伟、震撼的美。

一进孔庙的大门,眼前便金光闪耀,抬头望去,原来是一个个水晶灯挂在屋顶,洒下暖洋洋的金光。大堂前方挂着一幅画,在一棵茂盛的大树下,坐着一位白发苍苍的老者,两撇粗而黑的眉毛,浓密的胡子一直垂到胸前,他盘腿而坐,面前摆放着一张古琴,我想那一定是孔子了。我读过孔子的故事,孔子当年坐在杏树下弦歌讲学、教弟子读书。"旁边的那些人是谁?"我问妈妈。妈妈说:"相传孔子有弟子三千,其中有七十二贤,这画上应该是他的七十二位贤弟子吧。"身居陋巷不改其乐的颜回、孝顺父母的闵损、性格粗暴却忠心耿耿的子路,还有多才多艺又善于理财的冉有……我在《论语》中读过关于他们的许多故事。大堂两边塑着这七十二位弟子的雕像。我一组一组看过去，目光停留在《仲由果断明察》这组雕像面前。只见仲由穿着宽松的袍服，与右侧的长者对话，好像在了解案情的来龙去脉。左侧有一个平民装扮的人，手中托着一个托盘，盘中放着竹简，正在侧耳倾听，并等待仲由明察断案。这三个人物的着装线条流畅，栩栩如生，我不禁感叹雕塑师的技艺是多么精湛！

转过一个弯，我们到了"大学之道"的台阶下面，这"大学之道"是用大理石铺成的楼梯，据说走上楼梯就能拥有智慧。我一步步小心地走上了楼梯，耳边萦绕着悠扬婉转的音乐，仿佛置身仙境。我和妈妈一起吟诵了《大学》的开篇："大学之道，在明明德，在亲民，在止于至善……"

走上"大学之道"，是正在装修的"仁义礼智信"展馆，里面挂着一幅幅和主题相关的画，摆着几张太师椅，显得庄严肃穆。我最喜欢关于"礼"的这幅画，画上两个古人在行拱手礼，两人都是左手抱右手，袖袍自然垂下，弯腰四十五度，和我们湖畔书院的拱手礼一样。在孔庙里，我真切地感受到了文化之美。

参观完孔庙，我们来到了尼山脚下。山上一座七十五

一种雄伟、震撼的美

米高的孔子像拔地而起，高耸入云，我们都惊呆了。孔子高高在上，面带微笑地低头看着我们，脸上仿佛笼罩着一层圣光，让我觉得世界上再无烦恼。我们都整理衣冠，刘强教授带领众人一起向孔老夫子行"拱拜礼"。拜完了这座孔子像，我深深地体会到了一种雄伟、震撼的美。

　　我能来到尼山孔庙拜孔子，真是三生有幸！

四季之风

春天的使者

"覆阑纤弱绿条长，带雪冲寒折嫩黄。迎得春来非自足，百花千卉共芬芳。"风柔了，水软了，绣湖公园的迎春花枝也柔软了。条条垂下的长枝，微微泛着一点儿绿意，如少女散开的长发，参差披拂。

阳光明媚的今天，绣湖公园里有许多游客。我们排着长长的队伍，沿着湖边小路欣赏那一丛丛一簇簇的迎春花。昨天一经风吹雨打，许多花都已娇弱地低下了头。一阵微风吹过，迎春花仿佛从睡梦中苏醒，舞动那缀满鹅黄色花朵的枝条，奏响了迎春第一曲，欢迎我们的到来。

波光粼粼的湖面上，迎春花的倒影在水中晃来晃去，

小鱼在倒影中游来游去捉迷藏。柳树爷爷用细长的枝条抚摸着迎春花的小脑袋。岛上的鸟儿们飞来,和迎春花说悄悄话。各种动物、植物都爱和它交朋友。它给绣湖公园增添了许多春天的新气象。

往远处看,在柳条的掩映下,金黄的迎春花在阳光下显得更加好看,宛如一颗颗璀璨的明星。它们给绣湖穿上了一条镶着金边的花裙。近看,翠绿的枝条上,一两朵小花羞怯地盛开,单薄的花瓣弱不禁风,六片花瓣围在一起,成了一个金色的小太阳。更多的是花苞,淡黄中润着红晕,像金色的小铃铛,真美啊!

当我们在湖边坐下来,我又想出了个花样——用迎春花编手环。我挑了一根花儿较多的枝条,将它围成一个圈,打个结,这就成了漂亮的手环。我和何休一起合作,把自己打扮得花枝招展。当看到柳枝迎风舞动时,我又灵机一动,把碧绿的柳条和迎春花混在一起,绕成一圈,再插上几朵粉色的野花,一个五颜六色的花环就完成了。我佩戴着花环和手环,情不自禁地伸出手臂旋转起来,活像画里的"春姑娘",太有意思了!

我喜欢迎春花,因为它是报春的使者,它开放了,春天的脚步就近了。它单看起来虽然不起眼,却能成片成片地点缀公园、道路,甚至立交桥,那耀眼的金黄色给我们带来明亮的心情。

惊　蛰

又是一场倾盆大雨。才进屋一会儿，出门时又下起毛毛细雨。雨丝被风吹得飘飘荡荡，东摇西晃地落在地上。站在雨中是十分惬意的，雨一丝丝落在身上，发梢、睫毛上挂着一滴滴晶莹的水珠。但这种情况并没有持续太久，雨渐渐大了起来，像点了加速键一般，不出一会儿，就成了倾盆大雨。雨点噼里啪啦地打在头上，没有毛毛雨那样凉凉的、痒痒的感觉，只有彻头彻尾渗进骨子里的凉意。

这雨，褪去了早春初来时的青涩与懵懂，许多花儿竞相开放，陌上杨柳青青，春意正浓。雨也摸清了春天的性格，得到暗示后，便放开胆子，毫不吝啬地大把大把洒向人间，丝毫不考虑雨水够不够啊，时间是否太早了啊！这些都是鸡毛小事。以至于下了一会儿，水量不够，只得收了风,撒了雨,布上白云和太阳。在外人看来,惊蛰仿佛一个爱闹脾气的小家伙,一言不合就翻脸。

惊蛰,顾名思义,就是惊醒蛰伏在地下的虫子。攒了一年的春雷,声音巨大,响彻天地间。阴沉的雷雨夜,雨点打在地上的声音格外刺耳,却没有规律。听声音,啪啪声渐渐变成哗哗声,我联想到路面的雨水汇聚成一条条小河,肆意流淌,又想着我们在五楼是否能高枕无忧。偶尔,一道闪电划破天际,一下子将天空照得亮堂堂的,像白天一样,虽然时间极其短暂,但那短暂的光芒却让人惊叹大自然的神奇。

惊蛰,这"蛰"是蛰伏在地底的虫子们,古书上说,虫子们是被雷声惊醒的,虽然并不一定是这样,但雷声一响就会令人心头一震,真正感受到了春天的到来。

惊蛰,惊醒了虫子们,也惊醒了我们那沉睡了一冬的心。

花放今朝

　　春天的到来,曾经总是这样的:春气回暖的夜里,听着那沉睡了一冬的虫子们在窗外鸣叫,声音透过薄如蝉翼的淡绿色窗纱传入耳中;天明时,与东边女邻于采桑小径相逢,互相诉说昨日梦中隐约听到的虫鸣声;嫩绿的叶底,两三只黄鹂婉转歌唱;江水回暖,蒌蒿长满湖岸;跟随老师去采药的童子坐在松荫下放声高歌,歌声悠悠,穿过孤山寺北低低的云脚,飘过满城烟柳的皇都,听呆了啄着春泥的燕子,也听呆了正在游园的叶绍翁。在他面前,是关不住的满园春色,一枝红杏不堪园内的拥挤,寻了个空子从栅栏缝里探出头来,那脸上露出的一抹嫣红,不知看痴了多少过往游人。

　　仿佛一夜之间,所有的花全部绽放,夸张到昨日甚至刚刚结出的米粒大小的花骨朵,今日就急急地绽开了所有花瓣,分不出哪瓣先开,哪瓣后开,可能只有一二秒之差,只见得一大片浪漫的姹紫嫣红。花朝节这一天,二月十五日,花神把自己装扮得格外漂亮,牡丹花、紫荆花、蓝蝴蝶、芍药花……插满了头,所以,花香似乎也格外浓郁。蓝蝴蝶清新淡雅,含而不露,一如来自深深庭院的女子,回眸而笑,轻盈无声,袅袅娜娜而来,隐没在香风里。牡丹张扬又任性,毫不客气地抢占领地,如千军万马兵临城下,满城军士禁不住诱惑竟大开城门,那香中带着一个贵族女王的高贵和睥睨天下的傲气。

远远地飘来了一些鲜花饼的味道。鲜花饼外圈金黄,上面有一条条裂缝,用手指一碰,外皮就簌簌落下,里面透出淡淡的红色,让人不禁揣摩又有怎样一番天地。轻咬一口,玫瑰花的香味充盈了整个口腔,好似整个春天的浪漫与诗意都装进了这小小的饼中,然后被我们一口吞下。

今夕何夕,花朝之际,愿年年岁岁百花开,岁岁年年春常在。

樱花起，樱花落

　　以前竟从来不知道，绣湖公园门口有这样几棵樱花树。也是，每次经过时，这两棵树总是一片葱茏，而大多数的时间里，公园里的一切差不多都是绿的。这不像是在日本，到处种着樱花树，有的地方一种就是成百上千棵，托着一城如雾如烟的梦幻。绣湖公园的樱花，显然少了那样宏伟的气势。但樱花似乎不曾思虑那么多，时节一到，仍默默地开了。

　　这是日本晚樱，清明节一过，花开的盛事便转眼消失。要走近看，才能看出上面开着樱花，它们被浓密的树荫遮掩着，有些枝头上的花甚至已经凋零。整棵树不高，像一把撑开的大伞，残花落了一地。一阵风吹过，又有许多花瓣纷纷飘落。花瓣是淡淡的粉，仿佛沾了水，丝丝缕缕地化开了颜色，花瓣尖儿的色彩稍重一些，在午后暖暖的阳光下，已经近乎透明了。这样稚嫩、纯洁的花瓣，总给人一种遥远朦胧的、不切实际的空虚之感。又一阵风过去，花瓣儿在空中打着旋儿，是留恋？是不舍？它们乘着风慢悠悠地飘，花开无语，花落无声。它们都知道，风过后芳华早已不再，可谁也无法否认，曾经开得那般绯红、流光溢彩。那是一生中最美丽的时刻，芳华正佳。如今，像是美人迟暮，落下的花随风飘散，隐没在苍茫的绿意之中。

人生也是如此吧。日本的文人们从樱花身上读出了生命的短暂与忧患。人生就如樱花，大好年华说逝去就逝去了，这多少令人感伤。但总有一些人，会记得它的轰轰烈烈，只要绚烂过，你将无悔走过这一遭。

再凑近一朵樱花来细看，仿佛一位圣洁的女子，淡妆薄施，轻颦浅笑，格外清新自然。在它下方，欣然怒放的杜鹃，娇艳欲滴，是纯正的紫红色，雍容富贵，举手投足间透着端庄和贵气，与樱花形成鲜明的对比。在杜鹃花面前，樱花就像站在春天边缘的女子，即将隐世而去。

一片樱花徐徐飘落在本子上，仿佛上天的恩赐。生命最后的姿态，即使不再完整，也暗香犹存。

杜鹃花开

古有杜鹃鸟，日夜哀鸣而咳血，染红满山花朵，杜鹃花因而得名。

还未到杜鹃盛开的花季，在山上也没能看到那一大丛一大丛的杜鹃。往年花开时节，有十来日光景有幸得见杜鹃。那是四月中旬，去一座不知名的小岛上爬不知名的山，游人不多，杜鹃开得密密匝匝，挨挨挤挤，红的、粉的、黄的……撑起了一片锦绣的帷幕，在蓝得透明的天空下燃烧着，宛若晨雾里的火炬，云彩中的霞光，让人结结实实吃了一惊。

烂漫的杜鹃令人难忘，盆栽的杜鹃也极有一番趣味。我的母亲就特别喜欢杜鹃花，家中养了五六盆。瞧，那株开着淡淡粉色花朵的，撑起一片片薄如蝉翼的花瓣，近看宛若透明，像极了弱不禁风的林黛玉。整株只有一朵花，苍白的脸颊略施粉黛，清新中又带着些许亮丽，或许是天生体弱多病，又或许是没有同伴，它和林黛玉一样，周身环绕着淡淡的忧愁，叹命中一无所有，终日唯与诗书相伴。

这和另外一盆杜鹃，形成了鲜明的差异。小小的一棵，几乎每个枝头都开着一朵体态丰腴的杜鹃花，千娇百媚，动人心魄，像刷了红艳艳的眼影、扑了粉底腮红、涂了火辣辣嘴唇的少妇。更令人心动的是，这样的浓妆艳抹，竟未有俗气之感，反而十分夺目，仿佛它理当如此，光彩照人，活力四射。我们都笑说那丰满的体态，活生生就是杨玉环转世，让人不胜喜爱。

还有一盆嫣红色的杜鹃，我们便顺势将它当作了美人西施，她捧心颦眉时的脸，应该像极了这一盆杜鹃开的花儿，特别是打着微波的小浪花卷儿，不正是西施略微锁着的眉头吗？

一盆盆杜鹃花，好像一个个未出闺阁的少女，青春靓丽，一颦一笑，一举一动，我见犹怜，让人忍不住要好好呵护，不敢碰掉了一瓣。

这与满山遍野的杜鹃，一团团，一簇簇，挨着挤着，一张张小脸凑在一起，欢笑着，私语着，有多不一样啊！

三姐的空中花园

像我这种花痴，平生最大的心愿便是有朝一日能在花园里种上许多花，放上几张凳子，喝喝茶，聊聊天，让全身被花环抱着，享受这美好时光。所以，我最好的去处就是三姐的空中花园。

三姐的空中花园虽然花不是很多，也没有想象中那么休闲，但已经很好了！一圈花儿，两张木头凳子摆在金银花架下，几棵小树苗在风中摇晃，荷花散发出阵阵清香……坐在玻璃房中，对面是用木栅栏围着的一片一片的月季花。月季花开疯了！这边一丛，那边一簇，从深红到浅红，从浓粉到淡粉，还有一种迷幻的紫。我最爱橙红色的月季花，它黄中透着斑斑点点的红，像除夕夜里绚丽的烟花，又像傍晚时分的那抹晚霞。

南面最雅致,两张木头凳子,一张桌子,安闲地摆在新搭的花架下。上头,阳光透过大树的缝隙,照在地上。三姐和晋哥坐在那一片绿荫中,讲讲今天的新闻,看看自己最爱的书,这生活真是无忧无虑啊。在错落有致的树荫下,一片美人樱在风中舞动身躯,跳起婀娜的舞蹈,吸引了许多蜜蜂观众呢!

东面的花儿似乎都开败了,只剩下光秃秃的架子。唯一坚强的是芭蕉,直直地挺立在风中,尽管叶子已被风撕成了一缕一缕。但是再大的风也不能让它屈服,纵使伤痕累累,它从未低头。小宗脱口而出:"二月春风剪芭蕉。"嗯,好诗! 好贴切!

玻璃房一侧的大花坛倒没种花,因为养了一只老母鸡。这老母鸡一点也不怕人! 我可以尽情地抚摸它。这只鸡还很笨,却又笨得可爱,当你拿起小锄头,它便立马伸长脖子跟过来,无论你怎么哄它,它都不走。三姐说:"它以为你要挖蚯蚓给它吃呢。"呵呵,真有趣!

杨梅记

"玉肌半醉红生粟,墨晕微深染紫裳。"这就是杨万里笔下的杨梅。而我,对杨梅也是一见钟情,一到吃杨梅的季节,每天的餐桌上必有一盘杨梅,真要"日啖杨梅三百颗,不辞长作吴越人"了。有时吃多了杨梅,牙齿就会又酸又软,连豆腐也咬不动! 尽管如此,我还是喜欢吃。

荔枝的甜只是甜,好像每个味道都一样。而杨梅不一样,虽有甜的滋味,但那股酸是渗在骨子里了,无论它的滋味有多甜,只要一吃多,那无法祛除的酸又会将你的牙齿俘获。三姐一边上课一边吃着杨梅,我们都馋得直流口水。

为了尽早实地考察杨梅树,我们几乎是一路小跑着来到了公园。我们本来急不可耐,但一进公园就犯了难,公园里这么多树,哪棵才是杨梅树呢?丁妈妈扛着竹竿径自朝前走着,就是不告诉我们。我们绕了几圈,地上的烂杨梅倒见了几颗,就是没见一棵杨梅树!转一圈回来,我不经意间抬头一望,竟看见了那令我们向往的一树红果,只是——那些果子也太小了吧?!几个小伙伴都欲哭无泪。不过既然找到了,大家立刻就你推我搡地抢起竹竿来,我倒乐得清闲,蹲在地上捡杨梅。我捡到一颗青里透红的杨梅,它像娇嫩的婴儿的面颊,淡红,还略微有些青涩。另一颗是深红色的,它像是一个害羞的姑娘,白皙的脸庞浮现出一抹潮红。还有一颗已经发黑,说是发黑,其实是变成了深紫,仿佛轻轻一捏,就可以滴出汁来。

　　从公园满载而归,我们却挺不高兴,因为这杨梅虽好看,但不好吃啊!月月试吃了一颗,眼睛、鼻子、嘴巴都挤成一团了。还好三姐给每个人都发了一颗成熟的杨梅,我的那个有乒乓球大小,紫里透红,又鲜又亮,像一个着了火的小球。用手摸了摸,每一根刺平滑地在指尖上触过。别看它不像香蕉、苹果那样有外皮保护,只能用肉身经受风吹雨打,但它十分有个性,摸上去不但不软,还有些扎手。

闻起来有一股沁人心脾的幽香,放入口中,轻咬一口,梅肉细腻、柔软、亲切,像妈妈的吻,令人迷醉。然而,吃到后面就有些酸爽了。但杨梅的美味之所以天下少有,正是因为它又酸又甜。这才是杨梅真正的灵魂,这种杨梅才令人回味无穷。怪不得古人云:"闽广荔枝,西凉葡萄,未若吴越杨梅。"

舌尖上的青梅

风暖昼长,柳绵吹尽,澹烟微雨,梅子初黄……初夏,青色、黄色的梅子挂在枝头,在阳光清风中轻轻摇曳。

中午,我们一行人扛着长竹竿跟着丁妈妈溜进公园打青梅。公园里寂静无声,只有鸟儿在树上欢鸣,蝴蝶在花丛中飞舞。几棵梅树肩并肩地静立在那儿,仿佛在等候我们的到来。

梅子树的树干笔直,树叶茂密,枝杈分布均匀。我举起长竿在树上乱打一气,梅子像雨点似的落了下来。我们新来的小师妹头顶着篮子站在树下,扑通,扑通,好几个梅子恰好掉入她的篮中,她乐得嘴都合不拢。我低着头,猫着腰,在草丛中寻找着梅子,有的青梅早已隐入草丛不见踪影,有的通体金黄格外显眼,我一把抓起来,发现梅子全

身覆盖着细腻短小的绒毛,摸上去细软柔滑。剥开薄薄的皮,露出鲜嫩的果肉,轻咬一口,酸!刚开始这酸味还无法忍受,后来竟有回甘。这时丁妈妈也拿了一根竹竿,对准目标用力敲。一敲一个准,草地上落满了梅子,红的,黄的,绿的,半黄半绿的,梅子撒了一地,我们都争先恐后去捡,谁也不甘落后。拨开杂草,一个硕大的梅子暴露在我眼前,我拿起一看,梅子已经砸裂了,有几个小口,里头隐约有汁液渗出。我给心心嘴里挤了一滴,笑嘻嘻地观察她的反应,只见她吃下去后眉毛紧蹙,眯着眼睛,一边"咝咝"吸气,一边大叫"噢,噢,酸死我了!"我在一旁笑弯了腰!

后来,阿姨熬了一锅冰糖梅子汤,送到公园的梅树下。我们都围过去,啊,金黄油亮的梅子汤!我喝了一口,真美味!酸中带甜,甜中带酸,入口如丝缎般柔滑。喝了阿姨炖的梅子汤,我们顿觉爽口生津,回味无穷。

风飒飒地刮着,雨要落下来了,古人有词云:"风老莺雏,雨肥梅子,午阴嘉树清圆。"愿这些梅子长得更大,更肥!

五色新丝缠角粽

农历五月初五那天，我们的脸上都挂着笑，那笑像初夏的晴雨，饱满又火热，这一切，只是因为今天是端午节。据说在战国时期，楚国有一位叫屈原的诗人，眼见君王逐步将王朝推向深渊，而屈原怎么也拉不回来，悲痛欲绝的他不听渔父的劝告，抱石投汨罗江自沉了。当地的人知道了十分伤心，便驾小船去救他，却没找到。后来，就在每年的这一天，撒些米饭给鱼虾吃，不让它们吃屈原的尸体，还用箬叶包了米饭让屈原吃饱。后来寻找屈原演变为赛龙舟，用箬叶包的米饭演变为粽子。

我早上出门时带了两个粽子，一路上小心翼翼地，生怕磕了碰了。好不容易挨到下课，我趁人不注意跑开了，摸出粽子闻了闻，一股凉凉的清香在空气中弥漫开来。本来早上吃得很饱的我,食欲又被勾了起来。因为快要上课了,我只好压住心里的小"馋魔",把粽子放回口袋里。

终于到了中午,我迫不及待地拿出粽子,左看看,右看看,这是一个蜜枣馅儿的粽子,被煮熟时露出了几粒软软的米,用牙齿咬下,有点儿黏,有点儿甜,仿佛微微一咬便能挤出汁来。糯米软糯香甜,蜜枣无核,那细腻的触感平滑地滚过舌尖,好奇妙,像母亲的手拂过脸颊。

下课了,我们拥到桌边看小红阿姨包粽子。那箬叶上的纹路细如龙须,手指摸上去光滑的一面是正面,粗糙的一面是反面,顺着层层阶梯一样的纹路往右一折,弯成一个锥形。我自认为差不多了,捧着它将米往里装,刚刚还没什么事儿,一提起来才知道,它全身上下无处不在漏米,我手忙脚乱地去堵,堵了这个漏那个,堵了那个漏这个,忙得不亦乐乎。好不容易把所有的洞全堵上了,粽子已经轻得像没骨一般,软塌塌的。我想重包又怕包不好,只好系上了绳子。它就这么成了"赵蕴桦牌没骨粽"。

下午我正在观察我的系列粽子,楼夏语忽然冒出一句:"粽子来啦!"我不明所以,楼夏语的鼻子也太灵了,我清清鼻子,这一嗅可不要紧,鼻孔中顿时充满了温柔醇厚的香味,紧接着,脚步声传来,我们都扑上去,眼里只有刚出蒸锅的粽子,把小红阿姨当成了透明人,直到每人各拿了一个喜欢的,才满意地散去。剥开黏黏的粽叶,一口就吃到了肉。那肉极滑,极入味。三两口吃完了粽子,静止的时间开始流动,一切恢复如初。

无糖烊，不夏天

　　炉里的火烧得很旺，水汽沿着蒸笼边缘的小洞，一丝一缕地溢出来，慢慢消失在空中，随着时间的推移，它膨胀起来了，表面闪着油光。盖子慢慢被打开，一大块糖烊被扣在了荷叶上，再切成一小块一小块，被捧到田间地头去，农民们大汗淋漓扛了锄头回家前，还可以享受到一份荷叶清香包裹着的糖烊带来的喜悦。

　　一大早在上课，一阵香味远远飘过来，我的鼻腔紧跟着一软。丁妈妈刚才还喊着腰酸背痛，转眼间直接就端了一大笼糖烊上来。我们都馋得直流口水，可丁妈妈看着我们的馋样，笑嘻嘻地说："只准看，不准吃。"她在教室里转了一圈后，又乐颠颠地跑出去了，把那一大笼糖烊摆在三姐书房，路过的人总要停下脚步，掀起盖在上头的白棉布看一看，又赶忙揩去嘴角的口水，下了很大的决心似的把布盖上，步伐沉重地离开。仅一个早上，它就已经祸害了无数个对糖烊可望而不可即的人。

在以前，没有红豆刨冰，也没有雪糕冰激凌，糖烊自然就成了夏日的消暑良药，只要听见大街上传来洪亮的"卖糖烊"之声，孩子们就从四面八方如潮水般涌来，争先恐后地要换糖烊。

这也怪不得小孩们太疯狂，要怪只能怪糖烊太美味，太好吃了。红糖和桂花的香甜，夹杂着Q弹的口感，咬一口软糯，松一口回弹，许久不吃胃都难受得发慌。它不似有些东西那样干巴巴的，不蓬松却软糯，湿润润水盈盈却又不会黏住口舌。当我一口咬下去，红豆的软糯，糖烊的香甜，那种成熟植物被太阳蒸腾过后的大自然气息弥漫在口腔里，有泉水的清冽，也有甘蔗的香甜，它柔柔地从嘴巴滑入喉咙，瞬间攻陷了我味觉的城池，我听到从我的胃部深处发来一声轻微且满足的叹息。

糖烊是义乌特有的美味，不是棒冰所能代替的，作为一个新义乌人，我多么希望糖烊能一代代传承下去。

夏日记忆

　　夏天,总是出奇地热,而且好像一年比一年热,知了不住地在枝头发出令人烦躁的叫声,是在帮烈日呐喊助威。这时,冰粉就成了人们的最爱。我爱吃冰粉,也不知道必然还是偶然,和冰粉结下了不解之缘,无论去哪儿,都会碰上它。

　　前年暑假去成都游学,小区门口就有个小摊售卖冰粉,十元一碗,撒上西瓜丁、红糖、葡萄干之类,满满一大碗,我们经常坐在摊前吃。那冰粉状如果冻,光滑似玉,咬一口真的是冰凉香甜,嫩滑爽口。自那以后,我很久未曾吃到了。前不久跟妈妈去绍兴考察游学地点,住的酒店边上也有一家冰粉铺,只不过绍兴人管它叫"木莲豆腐",这让我暗自兴奋了许久,迫不及待地买了一碗来吃,嗯,就是这种冰冷透凉、舒爽全身的感觉啊!

一晃好几周过去了,这不,许久未吃,它竟然设法追到湖畔书院来了。今天,湖畔书院的老师们带着大家一起做冰粉。我这才了解,冰粉的原料是一小粒一小粒黑褐色的种子,叫作"冰粉籽",我们称之为"柔软的沙子"。你将手插入冰粉籽中,不像插在沙子里那般硬得硌手,它很软,很舒服。将它装在一个布袋里,沉入水中,只轻轻一搓,手上就变得滑溜溜的。我的手一抖,这东西也太滑了吧,再搓几次,手仿佛就不是自己的了,上面似乎蒙了一层透明的、又滑又黏的薄膜。不过,随着我不断地揉搓,滑溜溜的液体充盈于水中,清水华丽转身,变成了一大盆细腻透明的淡黄色液体,在盆中滚来滚去,让人忍不住想,它最后到底会不会成为一盆美味的冰粉。

等了许久,又走过去看,那盆淡黄色的液体仍然是在不停地晃动。唉!看样子要失败了呢!好在金老师端来了一盆她提早做好的冰粉,是用现成的"冰粉粉"做的。每人分到一碗后,我咬了一口,嫩滑是有的,配上芒果、山楂、葡萄干之类的佐料,虽凉却不刺激,像绿色的凉风,像山间的流泉,柔柔的。虽不能完全解除夏日酷暑,却也有丝丝清凉与愉悦沁人心脾,甜入舌喉。

冰粉，是我过往时光中夏日的味道和回忆，这大口咽下的幸福，大有清风习习生两翼，金圣叹之所谓"不亦快哉"之感。

炎夏风情

从乡下一路长途跋涉来到湖畔书院的两盆凤仙花，悄无声息地被置放在大门口桂花树下。若不是一场大雨过后，我们听见璐姐的惊叫声，根本不曾关注到它们的存在。

嫩绿的叶，椭圆的形，温柔的齿缠绕边缘，从密密的叶下，只绽出一点红。本就只是一星半点儿，像个未出阁的害羞的小姑娘，好不容易才犹犹豫豫地探出一点儿头，拨开枝叶，将一只脚小心翼翼地跨出了门槛，却被一场大雨淋得失了颜色，淡粉的脸颊，纤纤弱弱地开着。所有的凤仙花，单瓣的清丽素雅，重瓣的清爽大方，连残缺不全、带着水珠的花瓣，也如一个柔情万种、泫然欲泣的女子。

而另一盆凤仙，已经只剩下叶子和一串串绿色的、毛茸茸的小果，我耐不住好奇，用手摸了摸，鼓鼓的，还挺好

玩。我想用手把它摘下来,手刚碰到它,不料里面传出"啪"的一声,果实炸裂开来,黑色、咖啡色、灰色的种子散了一地,剩下的那一层外膜,迅速地卷成了一个绿色的"舌头",中间分裂开来,怎么也舒展不开。

听说,把凤仙花捣碎,拌上明矾,敷在指甲上,拿绢布包着,第二天早上醒来,指甲上便染上了色。纤纤如柔荑,细细如葱白的玉指上,配上鲜红的色,香艳,搭上醒目的红,妖娆。在揭开绢布的那一刻,仿佛暗夜酝酿出酒红的光。光华,在一瞬间绽放,由不得你不佩服。女孩子们扮美的本领,可以说是无师自通,且如此充满慧心。下午一定也要涂一下啊,我美美地想着。看那一簇簇被绿叶紧拥着的凤仙花,仿佛一位位美人,半抱琵琶,修长的手,染红的指甲,音符如流水在指下倾泻而出,让无数人为之着迷。要是我也能将指甲染得这般美妙,该多好。

也有不喜欢女子涂指甲的,李渔就曾明言纤纤玉指涂得猩红太过艳俗,由此对凤仙花无甚好感。不过凤仙无所谓喜与厌,赞与贬,更多的时候,它兀自绽放。在炎炎夏日,送来独属于它的种种风情。

梦 的 触 角

已入初夏,树木一片葱茏。偌大的市民广场,放眼望去,绿意盎然。不论是高大的桂花树、银杏树,还是低矮的灌木丛,都是高高低低、深浅不一的绿。是啊,初夏,大部分花都凋谢了,唯有绿叶在肆意生长,日益繁茂。

跨过一个拐角,眼前蓦然出现了一片梦幻般的粉色,它掩映在绿叶之中,让人忍不住自动忽视了那郁郁葱葱的树叶。是合欢花开了!一阵风拂过,花儿如海浪般起起伏伏。走近一些,站在树下抬起头来仰望,正午的阳光直射大地,每一片叶子都看得清清楚楚,但这一朵朵粉色的花团却有一种朦朦胧胧的美感。你就这样心无旁骛,静静地站在这棵树下,眼前的一切都仿佛开始变得模糊起来,空气中到处飘散着若隐若现、若有若无的花香。我们像是走进了一个童话般无邪的世界，如梦似幻。那些粉红色的梦精灵，互相追逐着，唱着不知名的歌飘向远方……

等回过神来，我已站了好久，捡起一朵合欢花仔细端详。绽开的花儿，毛茸茸的，从白到粉的渐变，衔接得天衣无缝。每一缕尖儿上都有一个小小的圆球，它们给这些虚幻的、梦境般的花儿更添了几分灵动与俏皮，让我在原地不自觉地握着花儿傻笑出声。花香一缕缕地钻进鼻子里，清新温润，柔和得令人感动，轻盈得令人充满遐想。我禁不住凑近了闻，久闻不腻，初夏的燥热也去了大半。大概因为这个，吸引了不少蝴蝶、蜜蜂之类的小昆虫。一只蜜蜂闻香而来，一头扎进了合欢花丝丝绒绒的世界里，许久不见它出来，是沉醉其中了吧！

合欢的叶子就像放大的含羞草，一行行排列整齐，但含羞草所带给人的惊艳，远远不及合欢花。合欢花，总能引着你的思绪触到心底最柔软的地方……

晴霞艳艳，绛雪霏霏

晴霞艳艳覆檐牙，绛雪霏霏点砌沙。

莫管身非香案吏，也移床对紫薇花。

——［宋］杨万里

中午的公园，只有知了在声声叫着夏天，整个公园涌动着躁动不安的情绪，使人心烦意乱。但转过紫藤花架，我却停了下来，前方那两株紫薇边上，像是一块被光环笼罩的圣地，而我们，则像被普度的众生。

紫薇的树干光润洁净，一条条竖着的纹路，像紧致的肌肉，叛逆、倔强的样子，给人一种壮实温暖的感觉。你用手轻轻触它，它竟会微微颤动，像害羞怕痒的小姑娘。若不是亲眼看到，真的不会相信这么一个高大壮实的汉子也会像小孩一样怕痒,我们还真是不能"以貌取树"!

　　紫薇的花静静的、淡淡的,像一杯清茶,带给人一份恬静,一份安谧。那万千温润的紫穗,像一位位娇艳妩媚的仙子,飘然下凡,真是赏不尽的万种风情,品不完的万千仪态。它们一簇簇密密地缀在枝头,细碎的花朵里射出淡黄的花蕊。有的枝头只有几朵,更多的是一簇簇很热闹的样子,一枝谢了,一枝又开了,总是闹哄哄的。一只柑橘凤蝶轻盈地飞上枝头,抱住了花瓣,动作挺温柔,但紫薇仍是颤了一下,那凤蝶又是脚尖一踮,扇动起巨大的翅膀。花枝承受不住重量,被压得低了下去。直到它展翅飞去,那花才一颤,飘下几片花瓣,挣回原处,还哆嗦着盯着那只凤蝶,生怕它再来欺负自己一回。

　　灌木丛中已经落满了紫薇花,拾起一朵来,掸去上面的灰尘,你会发现紫薇看上去细细碎碎的,实际是一朵花裂成了六瓣,边上一圈由于长时间离开枝头,已经泛黄,但这丝毫遮不住它原本绚丽温润的美。花瓣一圈既像烟花,又像海边的浪涛,卷卷的,蓬蓬的,上面的纹路依然清晰,摸上去纤秀光滑,轻盈柔婉。

　　紫薇花又叫百日红,宋代的杨万里曾写道:"谁道花无红百日?紫薇长放半年花。"百日红,多么好听的名字!一念到这个名字,眼前就会浮现出一丛丛像晴霞一样艳丽的紫薇。

　　之前在我眼里,桃花代表春天,荷花代表夏天,菊花代表秋天,梅花代表冬天。如今在我心目中,紫薇才是那个能"独占芳菲当夏景,不将颜色托春风"的夏之花。

从一条毛毛虫开始

　　发现那条虫子,是几天前的下午。不久前,一只漂亮的柑橘凤蝶飞到我家阳台上,在柠檬树上空盘旋,我们都挤在窗前,兴致勃勃地看它,又欣喜又疑惑:妈妈最近迷上种菜,不种花了,阳台上半朵花都没有,它来这儿干吗?

　　蝴蝶飞走后,一切安然无恙。我渐渐忘了这件事。一个周日上午,爸爸竟在柠檬树上发现了几条小毛虫。这虫子短短的身体上布满尖刺,一对稚嫩的触角立在头顶,身上一块黑一块白。这长相让人实在不敢恭维,就像一坨鸟粪。妈妈却对这虫很感兴趣,上网查了半天。不一会儿,房间里就传来她兴奋的叫声:"查到了,这是柑橘凤蝶的幼虫啊!"

　　一听这是蝴蝶幼虫,我对它似乎不那么憎恨了,对它啃过的叶子,也有一定的好感,我仔细欣赏它们的"杰作":像云雾迷漫中连绵起伏的群山,又像世界地图的一角……栩栩如生。这简直是一个艺术家的伟大杰作啊!

妈妈想让它们在柠檬树上长大,直到变成美丽的柑橘凤蝶,我可不同意——它们吃光了叶子,树不结柠檬了,我可就喝不到美味酸爽的柠檬茶了!妈妈见我死活不答应,只好作罢。

突然,两人脑中灵光乍现——把它们养在昆虫笼里!说干就干,妈妈用剪刀剪下那些被虫子占领的叶子,那些虫子一动不动,仍呆呆笨笨地趴在那儿。我们一共捉了五六条,小心翼翼地把它们塞进笼子里,合上笼盖,放在阳台上。可不一会儿,三条虫子便换装了,变成了皮肤光滑、颜色翠绿的模样!

我大叫:"妈妈,我的虫子变绿了!"妈妈闻声赶来,也对虫子的变化惊叹不已。这时,更让人惊奇的事发生了:我一不小心碰到了桌脚,跌了一下。笼子猛烈摇晃起来,那虫受了惊吓,头上一对触角"倏"地冒了出来,吓了我一大跳!紧接着,一股臭味在空气中弥漫开来,我们都不禁捂住鼻子,倒退了两步。它见目的已达到,便缩回触角,严丝合缝,好像它从没有这个秘密武器似的!

现在，我的小毛虫已化作蛹，为变成蝴蝶做好充分准备。

想到这，我更期待了！

我的小毛虫，快些长大吧！

我的小毛虫，快变成一只只美丽的柑橘凤蝶吧！

杀虫机器——螳螂

透明的杯子里，散落着许多蚂蚁，它们黑黑的触角无力地垂下来，脚已然折断了，还有的只剩下半个身子，显然没有了生命体征，让人不寒而栗。再往上看，凶手庄严地在杯壁上待着，轻纱般的薄薄的翼，像面膜一样弱不禁风地拖在身后，前腿伸在半空，满是倒刺，垂下来，宛若一位虔诚的女尼，双手合十在做祷告——几乎每一个刚见到它的人都这么认为。

不得不说，这绝对是个天大的假象。那种虔诚、宁静、温和的态度都是骗人的！"怎么可能！你休想骗我！我才不信你的鬼话呢！"你若听见这话，铁定会气愤地说。哎，你别急，不得不说它的确很漂亮，一点也不令人生畏。它有纤细而优雅的身子，淡绿的体色，轻薄如纱的长翼，若投胎成一个女人,纤细的腰,令人羡慕的大长腿,准一出场就把当红明星都比下去了。可重点是,它纤细的腰十分有力,是为了更好地捕食猎物,大长腿就更不用说了,上面密密麻麻的都是刺,被扎一下,对,只一下都让你汗毛倒竖!什么?你说它脖子很灵活,十分可爱?脖子灵活是没错,可那是为了更好地发现猎物啊,哪只猎物要是给它盯上了,准没命!啊,说了那么多,你还是不服气?哼!你自己来看看吧!

"咚",一只蜗牛被扔进了透明的杯子里,"嗖"的一声,螳螂退了一小步,当它看清这只是一只蜗牛时,默默地停下了脚步,在它温柔的面纱下,凝聚起十分吓人的杀气来。我十分佩服它的耐心,蜗牛从一落地起就把头缩在壳里,不肯出来,螳螂不急不躁,仍保持着那种平和的祈祷姿势,死死地盯着蜗牛。僵持了十分钟后,蜗牛首先沉不住气,伸出了头,你可别当蜗牛是傻子,稍有一丝丝风吹草动,蜗牛就会缩进壳里。所以,过了好一会儿,螳螂还是毫无动静,蜗牛便大着胆子朝上爬,它一定认为爬上那个出气口就平安无事了。可在它经过螳螂身边时,只一瞬间,螳螂和平祈祷的样子立马消失,那蜗牛大概是吓蒙了,也忘记了缩回壳里,还没完全反应过来,就已经糊里糊涂地成了螳螂利钩之下的俘虏了。蜗牛被重压在两排锯齿之间,动弹不得。然后,螳螂用夹子夹紧蜗牛柔软的身子,战斗就结束了,轻而易举,干净利落。余下的五六只蜗牛,也都在几分钟内陆续宣告死亡,毕竟谁也无法逃脱四排锋利锯齿的宰割,一旦开始,正如法布尔所形容的:螳螂就会像秋风扫落叶一般对待敌人,这是螳螂永恒不变的信条。

　　这下你总算懂了吧,螳螂并没有你所了解的那样美丽、单纯。不过这也怪不得你,它娴美而优雅的身体和它的武器差异太大,以至于让人难以相信,它是一种温柔与残忍并存的动物。

春种一粒豆，秋收万颗子

　　金秋的阳光，依旧热情奔放，只是染上了一丝懒散闲适。田埂上已经光秃秃一片，空旷却又充实。绕开脚下偶尔爬过的自然生命，原野上，长着几株像杂草一样枯黄的大豆，它们衰老不堪。它们不知道，即将到来的命运，会是被一群根本不知怎么打豆子的孩子胡打海摔。

　　这些豆叶虽破败不堪，但豆荚却个个饱满。摸上去毛毛的，边缘泛着淡淡的黑色。时机并未成熟，它们只能压抑自己那颗不安分的心，盼望着，等待着自己会在某一天"啪"的一声挤破豆荚，见到新的世界。"快啊，加油！加油！"它们望着缝隙里那一角蓝天呐喊着。我挑一个饱满的大豆荚，只用手指肚轻轻摩擦，"啪"，它就弹开了，里面的三颗豆子蹦了出来，我一下抓住两颗，另外一颗不知滚到哪儿去了。我找了许久也未寻到，我想，它很有可能是躲在某丛草后面捂着嘴笑吧！

两个大师兄速度快，早已拔了一两棵，可惜我没细看。丁妈妈拿着锄头风风火火地走来，她就像农夫一样，拿着铁锹翻开黄豆植株周围的石头，露出深色的松软的泥土，黄豆植株一小部分根须也露了出来。丁妈妈用两只手拖住茎，往上一拔，整株黄豆还带着簌簌下落的泥土就被握在了手中。我注意到它们的根上有许多瘤，一串一串的，看上去十分恐怖，我赶快将那株黄豆扔入篮子。后来我才知道，那个瘤是给黄豆苗提供营养的。我们又如法炮制，挖了许多黄豆植株。田野里显得更空了，原本长黄豆植株的地方只剩下一个个坑。我们将黄豆植株放进篮子，满载而归。

回到湖畔书院，午后的阳光更加散漫地照在大地上，也照在那两三捆黄豆秆上面。要打豆子了，门一开，我们一窝蜂拥到门口。女生的想法就是优雅地撩起汉服裙子，挑那些好看的豆，去掉杂草，将最完美的豆收在盒子里，所以用手一次次扒开枝叶，仔细地挑。男生则把这里当成了农场,抓起一株就使劲往地上摔,有的还高举着一株强壮的黄豆,往对方身上打,他们只打,也不去捡,一时间,豆子啊,枯叶啊,漫天飞。男生们呐喊着,这里简直成了打架斗殴现场,鸡飞狗跳。女生们发现了"新大陆",她们一边皱着眉头躲避扬起来的尘土,一边尖叫:"看看我捡到什么?一颗紫豆!""瞧瞧,这个豆荚好绿啊!里面的豆还是白的呢!""我捡到一颗豆,它在豆荚里闷得久了,已经发出绿芽啦!多奇特啊!"过了好一会儿,现场才安静下来,只剩下了一些残枝败叶——男生们玩尽兴以后就毫不心软地从它们身上踏过。风凄凉地刮过地面,它们随风飘动。

它们是否会想,当它还是中年时,它的豆荚里还有鼓鼓囊囊的黄豆,它是下一代的希望;当它是青年时,也曾开过漂亮的花,引来蜜蜂蝴蝶;当它还是一株小苗与蚯蚓谈话时,它曾怀着多么梦幻的心想象着自己的未来啊!

到了明年,田野上,还会有一株又一株新生的黄豆在风中摇曳起来……

庭前八月梨枣熟

杜甫诗云："庭前八月梨枣熟，一日上树能千回。"

现在已是九月，我每次从湖畔书院门口那棵枣树前匆匆走过，都没看到枣子。今日细看才知道，上面原来早已结了三四个枣，因为太稀少，以至于根本没人发现。

这枣树种下已有些年头了，树枝纵横交错，许多枝丫细细的，枝头光秃秃的，还有一些断枝直直地戳向空中，很生硬，也很别扭，让人觉得它营养极其不良。这也难怪它，这么大的一棵枣树，被困在一口小小的缸里面，怎么可能得以舒展呢？它的树皮很粗糙，仿佛历尽岁月的沧桑，显得老态龙钟，坑坑洼洼，疙疙瘩瘩，用手一摸，本来已经翘起来的树皮直往下落，掉在铺满了枯枝败叶的地上。那树干的某块地方立刻就秃了，露出了浅浅的还带有些纹理的内里，它像一块干涸的土地，已经十分脆弱，只跺一跺脚，就会开裂，就会发出绝望的叹息。

比起树干来，叶子还算有些生机。每片枣叶上都有三条较粗的叶脉，周围布满细小的纹理，密密麻麻，但可以看得很清楚。这一片叶子，就是一张历史地图，有大的城邦，有小的城池，细小的脉络，就是河流与山丘，三国鼎立，楚汉对峙，都可以在不同的枣叶上看到。枣叶的背面带些青色，看上去有些生冷，像是另外一个世界，景色优美却荒无人烟。

九月十二日，照说是枣树挂满红彤彤的枣子的时候，可惜这棵树只有丑丑的树干和稀疏的叶子，自然看着就遗憾。我们不甘心，总要再有些发现才算不辜负它吧？有几只大黄蜂在树上停下，抱住了花枝，等它一离开，我便将那枝花折了下来，一看，果然是因为天气变得暖和，枣树又冒出花骨朵儿来，长在叶子和叶柄之间，小小的，像一个个迷你的五角星，里面圆鼓鼓，仿佛随时都会炸开一般。等花朵绽放了，是黄绿色的，上面会爬来许多黑黑的蚂蚁，我用鼻子使劲地闻了闻，却闻不到一丝香气。或许只有它们这些小小的家伙，才能自如地与花朵对话吧。

树上的几个枣子，掩映在绿叶中，十分青涩，看着就让人觉得它们并不十分美味。摇下来一个,枣树没有将它呵护得很好,上面布满了斑点,用手捏一捏,软塌塌的,也不脆,里面快没有水分了,要是再在树上挂几天,估计就要成为枣干了。

看来,湖畔书院门口自然生长的枣树,是很难结出甘甜的枣了。幸好今天大家带了许多枣子,新鲜的枣,红彤彤的,又大,又圆,水分也多,丢一个在口中,咬下一块来细细咀嚼,它既有酸甜的皮,又有清冽的果肉,可以一直甜到心里。

"枣"谐音"早",是一种吉祥物。回想着三姐的话,我不禁又扔了几个枣子在嘴里。嗯,就祝我"枣枣"成为一个优秀的小作家吧。

“柚”到中秋

绣湖公园里有几棵柚子树,那些柚子还是一身绿装,结结实实地垂挂在枝头。水果店里的柚子已是满身金黄了,拎在手里沉甸甸的,犹如一个个光芒四射的金球,散发着若有若无的清香。

湖畔书院的柚子宴定在上午九点。听老师说,在闽台柚子产地,每逢秋冬季节,外地的游子回到家乡时,柚乡的亲友会举办一场“柚子宴”,庆贺游子归来,所以“柚子宴”也称为“游子宴”。柚子宴独特奇趣,宴席上点的是“柚灯”,摆的是“柚碗”,喝的是“柚茶”,吃的是“柚肉”。于是,今年的中秋节,我们也举办了一次别开生面的“柚子宴”。

大家都带了柚子来。开始剥柚子了,好多人都是平生第一次剥柚子,可真是使尽浑身解数。老师帮我们划了几刀,事情就变得容易多了。剥开柚子皮,清香弥漫了整个教室,或红或白的果肉,甜蜜蜜、凉丝丝的。

老师教我们做柚子灯。将五彩丝线交错编织成网兜,把用刀划成花瓣形状的柚子皮放进网兜里,在底部点上一支小蜡烛,它就稳稳妥妥地变成一盏柚子灯了!

于是,我们开始盼望夜晚降临。

天,终于黑了,仰望无尽苍穹,那皎洁的月光,如梦如幻。我的柚子灯挂在桂花树下,也散发着迷人而温暖的光。我们在石桌上摆一桌果品,爸爸点燃"香球"上的三百六十五支香,在袅袅青烟中,我们仿佛看到了月亮上嫦娥美丽的脸庞,她正探出半个脑袋,向我们投来柔和的目光……丁妈妈带领我们虔诚地祭拜月神娘娘,希望她赐予我们幸福和快乐。

拜完月神,我们就提着柚子灯去绣湖公园赏月。我和睿睿弟弟一路走,一路吟诵着李白的《古朗月行》:"小时不识月,呼作白玉盘。又疑瑶台镜,飞在青云端……"我们的柚子灯发出忽闪忽闪的光,好像在和月亮说悄悄话呢!

多么美妙的夜晚啊!

橘　园

　　"一年好景君须记,最是橙黄橘绿时。"今天,我们到宝外婆的姐姐家摘橘子。我们先到了佛堂稽亭村宝外婆家门口,用手一推门板,门板就会发出"嘎吱嘎吱"的声响。门上挂着两串干玉米,我刚想去摸,沉迷于武侠小说的方晨悦姐姐就挡住了我,煞有介事地说:"别碰! 这可能是一个机关,你一摸,挂玉米的铁丝就会转起来,把玉米甩到天上,然后落下来砸我们。"我半信半疑,也不敢再摸。这时宝外婆让我们跟她走,我们便跟着宝外婆走上了一条泥巴小路。

　　前方有一片橘园。远远看去,橘树上就像挂了一盏盏小灯笼,黄色的光晕从繁茂的枝叶中透出来,若隐若现,是在跟我们招手吧!

刚进橘园，前面就有人叫起来："这里明明长的是丑八怪嘛！"我走近一看，果然树上大大小小都是"丑八怪"。"丑八怪"是橘子的一种，外表虽不那么圆润饱满，但味道甘甜。我们排成一队，跟着宝外婆往前走，一边走一边看。月月踮起脚尖，专心致志地盯着一只停在橘子上的蝴蝶，我们都已经往前走了很远，她也不知道。楼夏语抓住一根树枝，试着摘下最黄的那个橘子，但没成功。我们才绕了大半个园子，丁妈妈就让我们摘一个最喜欢的橘子来画。我挑了一个"二连炮"，这是两个很大的"丑八怪"：一个头戴绿帽子，身穿黄裙子，像一个小姑娘，穿得漂漂亮亮的；另一个挺滑稽的，全身上下没有一个地方是纯净的颜色，到处都是黄绿相间的，就像马戏团里的小丑。我叫来宝外婆，请她帮我剪下了这个"二连炮"。我对面的萱萱可搞笑了，她看中了橘树顶上的一个橘子，偏偏橘子和她捉迷藏就不给她摘，萱萱急了，使劲儿往上跳，但橘树太高，她根本碰不着。她又折下一根树枝去打那个橘子，要把橘子打下来，可是树枝碰到了另一根树枝，"咔嚓"一声断了。我躲在旁边"咯咯"直笑，最后还是宝外婆走过来帮助萱萱解决了这个难题。

我拿起一个"丑八怪"，外皮摸上去有一块一块的疙瘤,果然丑陋不堪。把它剥开,凑近闻了闻,"哇! 好香"。一闻就知道这个橘子一定是很甜的,我咬了一口,果真很甜。

夕阳就要落山了,我们要回湖畔书院了,一棵棵橘树提着小灯笼,一直把我们送出橘园。

我喜欢橘树,它结出的果子是那么香甜,那么可口,它还是屈原笔下的"后皇嘉树",它"深固难徙""独立不迁",有着很高洁的品格呢!

栗子笑哈哈

栗子树上早已托举起一簇簇像狗尾巴草似的花穗,鞭策、抽打着五月的熏风,直直地指向天空,却又在末梢处软软地垂了下来,不久就结出像刺猬似的、淡绿色的小毛球,三个一群,五个一堆,热热闹闹、你拥我簇地点缀着墨绿的枝头。直到有一天,秋阳高照,"啪",这些小果子裂开了一个十字形的孔,里面钻出三个小脑袋来,它们拖着小尾巴,争先恐后地探着头望着面前一角湛蓝的天空,疑惑着,自言自语着:"咦,门怎么开啦?"震惊过后,它们回过神来,一个接一个蹦出屋子。这些浑圆饱满的小栗子,不知躲到哪片树叶下去了。它们会在泥土里静静地睡上一觉,等待来年春天的生机。

当然,还有一部分板栗难逃被吃的厄运,但它们不是那么伤心,它们都知道,自己是要被人吃掉的,这仿佛是它们已经参透人生的祖先留下的遗嘱。既然命运无法逃脱,它们便争相比赛谁先爆开,谁最好吃。

今天,湖畔书院门口就开始炒板栗了。支起炉灶架起锅,炉膛里的柴火被点燃,顿时浓烟四起,滚滚的烟雾不断往外扩散,过路的行人都不住地吸着鼻子,驻足观看。的确,炒了一会儿,丝丝缕缕的香味飘入鼻中,像是有一万只蚂蚁在爬,故意激怒我,挑逗我,让我与它们去周旋,一只一只消灭它们。我的鼻子不由自主地翕动起来,想去看个究竟。

乌黑的沙子在锅里翻滚着,一撒上糖,沙子就"噼里啪啦"地喊了起来。"抱在一起,抱在一起!"它们这样喊道。只见锅里浓烟翻滚,一些烟向我脸上扑来,我被呛得睁不开眼,咳嗽了几声,好一会儿才缓过来。锅里的沙子和糖早已抱成了好多小球,黑的,白的,带斑点的,简直就像几个缩小版的鹌鹑蛋。小卓正炒呢,瞧他一手用锅铲翻着板栗,一手捂着脸,眉头、眼睛、鼻子、嘴巴全都皱在了一块儿,恨不得将一个头像孙悟空一样扭到十万八千里外去,就剩个身子在那儿炒,我们都笑了。锅里的板栗因为无人翻炒,也不满地抗议起来。璐璐见此情形,立刻叫了下一个来炒。小卓揉着被烟熏红的眼睛,飞也似的逃离了现场。接下来,心心走上去,只见她熟练地拿起锅铲,用勺子翻着板栗,一套动作像打太极拳般行云流水,一气呵成,一看就是个好手。接着,三姐一手叉着腰,一手拿着锅铲,往锅旁一站,绕着锅就转着圈炒起来,颇像一个要惩罚孩子的妈妈,正想着该从何下手。终于轮到我啦,我冒着浓烟,坐在椅子上,笨拙地翻炒着,还要提防着有板栗爆炸开来。

　　一个板栗跳出来,我走过去拾起,那上面还残留着余温,很是烫手,我忍不住将它放在手中,栗子在我两手中跳来跳去,焐暖了我冰冷的掌心。剥开,入口一嚼,香甜浓郁,松软可口,是吃一百遍也不会腻的。

柿　趣

　　今天是湖畔书院的"霜降柿子节"。

　　上午是做柿饼,大家兴致都很高,湖畔书院门口一片喧哗之声。男女分为两桌,我坐上女生这桌,排着队削柿子皮。我从小便是个吃货,一听柿饼两个字,眼睛都放光了! 我迫不及待地挤进队伍中,看着筐中的柿子一个一个被拿走,我在原地急得团团转,总嫌时间过得太慢! 好不容易轮到了我,我深吸一口气,拿起刨刀,感觉心跳得厉害。老师看出了我的激动,就过来把着我的手削皮,可一使劲,恰好削到了指尖。"哎呀!"周围的人异口同声地叫了起来,我也吃了一惊,疼痛感麻木了全身! 呵呵,或许这是我贪吃付出的代价吧!

　　午饭后,扛着大大小小的工具包,我们踏上了去山中寻柿的小道。远远望去，只见一个个"红灯笼"挂满枝头，将柿子树压弯了腰。那些小柿子有的仰面朝天，独坠枝头，像孤独的思想者；有的三五成群聚在一起，欢笑着，喧闹着，显得无比亲热，让人心里生出无限的暖意。一阵秋风吹过，叶子和果实随风摆动，跳起了婀娜多姿的舞蹈。有的将头埋进绿叶；有的像个羞答答的小姑娘，拉过一片叶子遮住了红彤彤的脸；还有的大大咧咧，任凭风和云掠过，只是欢笑。

我拉过一根树枝，踩着树干上了树，抚摸着粗糙的树皮，上面都是岁月的痕迹。它和边上一棵棵柔嫩的树苗相比，当真是历尽了沧桑。用手一摸，树皮便一块块脱落了，树上那一圈圈的白布条，想必是岁月的"纽带"了。我踏着年轮，一级一级地往上爬。这棵古树已经摇摇欲坠。我望着下方大片荒草，双腿不由得打战，再咬咬牙，双手一使劲——当我的脚触到树枝，脊背靠上密密匝匝的苔藓时，全身出了一阵冷汗。除了牢牢抓紧树枝的手，连脚都像是踩在云端上一般，当我回过神来确定没危险之后，才摆出了一副英雄架子，对下面的人大喊着："上来呀，上来呀！不敢了吧?"一边说，一边还做着鬼脸，其实刚才这么一动，已把我吓得双腿发软，只是装得淡定而已！紧接着，何休、

心心都上来了，我们三个在树上当起了模特，丁妈妈不停地拍照。

可是，这些柿子似乎不太欢迎我们，那些枝头上垂下来触手可及的，都是些半生不熟、青中带黄的柿子，而那些橘红色熟透的柿子似乎早有先见之明，躲上高高的枝头，嬉笑不止。我们三人费了不少周折，连柿子的边都没沾着，只好"望柿兴叹"。

三人下了树，我又溜到柿子树边一个堆柴火的高台上，捡起掉落在木板上的一个柿子，捏了捏，是软的！虽软，却又不似稀泥，是柔中带刚、软而不裂的。我揭开皱巴巴的蒂，它像个饱经风霜的老人，虽皱巴巴，仍能看出年轻时靓丽的容颜。撕开皮，香甜的橙红色的汁水就汩汩涌出，我伸出舌头，将丝丝果肉吮吸得干干净净，那味道，是永远难以忘怀的，甜中带苦，苦中又有些甜意，从嘴角甜到心中，蓦然间又回来了，在舌尖轻轻荡漾。

这是难忘的一次游历，而这棵柿树，也成了我记忆中一道无法抹去的亮丽风景！

最后的玉米地

停了车,放眼望去,远处是座座高楼,眼前却是一片荒凉的废墟,似乎这是个与世隔绝的神秘空间。一片死寂沉沉中,我们踏着残砖,去寻找即将消逝的绿野。

七拐八弯,眼前终于映入一片绿意,微风拂过,田中漾起一圈圈波纹。大家都被眼前的景象惊呆了,沉重的步伐顿时轻快了不少,脚尖唱着歌,踩着满地落叶"沙沙"地向前走。这是我梦想中的田园生活吗?站在三奶奶家的玉米地前,我尽情享受大自然的拥抱,看着那淡绿色的叶子迎风摇曳,奏出一段优美的乐曲,令人心旷神怡。就那样站了许久,一瞬间,忽然感觉我的梦也被染成了淡淡的绿色。

饱满而肥硕的玉米棒,在阳光下闪着诱人的光芒,外面的苞叶在阳光的照射下显得油亮亮的。它们的皮肤圆润得如一个刚满月的小孩儿,细腻而光滑。剥开一层苞叶,鼻尖弥漫开香甜的味道。玉米粒露了出来,太阳的光芒藏进了玉米粒中,它们太胖了,你挤着我,我挨着你,簇拥着,争吵着,把玉米中心的那根棒子围得密不透风。拔去头顶那些棕色的"胡须",摘下一颗玉米,放入口中,开始只是甜,慢慢地,回味中带了一股淡淡的,使人难以忘怀的泥土清香,忍不住又吃了两三颗,三奶奶却对我说:"吃多了可是要拉肚子的!"

三奶奶教我们如何挑选成熟的玉米。她说一定要找那些长了黑胡子的玉米,长了白胡子的玉米是嫩的。我心中暗暗好笑,心想,这跟人完全相反! 我们人类中,长白胡子的是老爷爷,长黑胡子的是年轻人! 我依金老师的方法挑了一个玉米,剥开一看,果然好,那就像是太阳的一角被剪了下来,将金黄的光斑映在了玉米粒上。

天,一碧万顷,树叶经了秋阳的熏染,变得色彩斑斓。将眼光再次投向高楼林立的方向,或许前不久那里还是一片生机勃勃,现在取代它的却是一台台挖土机"隆隆"的咆哮声。看看脚下的玉米地,就在咫尺之遥,一株株玉米在风中欢快地摇摆着,它们是否会想到,也许是明年,也许是后年,这里就会被钢筋水泥覆盖,再也没有它们的立足之地了……

同行的伙伴们在偌大的空地里烤起了玉米,浓香四处飘散,我黯然的心绪,又禁不住跃动起来。急忙去火里扒一个来吃,外面的苞叶已经焦黑,里面却是金灿灿的,格外诱人。使劲咬一口,嘴角顿时沾满了软糯香甜的味道。

多希望这里不会是最后的玉米地啊!

野　菊

　　秋天的日历翻过，冬已来了，只剩下满世界的萧条。

　　养在温室里的菊花永远不知道什么是春夏秋冬，什么是严寒酷暑，它们生活在一个永远温暖的地方，享受着人们无微不至的照顾，长得硕大丰腴，雍容华贵。

　　瞧那株乒乓菊，圆滚滚，胖乎乎，萌萌的，使人一见就生爱慕之心，忍不住想像逗小猫那样逗弄逗弄这个可爱的小圆球。可它像个好学生，你让它干什么它就干什么，把不满的情绪、孩子般的调皮和叛逆全部剔除，变得温柔内敛，是一个乖乖听话的三好学生。再看那盆"胭脂点雪"，粉色花瓣张扬又任性地开放。经过人工的精心培育，它千娇百媚，撩人心弦，却像被囚在笼中的鸟儿，只有每天卑躬屈膝地歌唱讨得人们的欢心才能换得温饱。它也一样，整天要摆出灿烂谄媚的笑脸来迎接客人们，使他们赏心悦目才能得到更好的呵护。还有那盘渐变色的"仙灵芝"，由红到黄层层渲染开来，像一幅国画，十分美丽。然而，近看却总是有一种很努力想要变成红色的样子，像一个不会写书法的小孩儿，小心地描着一笔一画，显得矫饰造作……

　　而我曾经有幸见那漫山遍野的野菊花，一大片一大片的黄，黄得艳丽，黄得醉人，像是太阳和月亮滚烫的合金，让人一触便睁不开眼。它们小朵、清秀，只有一层花瓣，每朵都平平无奇，不施粉黛，随意而又随性，像一个历尽沧桑的女子，经历了人间的悲欢离合，参透了人生无常，倒也无牵无挂。这么多年来，早已将人世间的事儿看淡了，它们耐得住寂寞，离得开浮华，有自己的坚守和节操。无论旁人是奚落、嘲笑还是夸赞，都能安然相待，不骄不躁。一瓣金黄，再一瓣，还是金黄，超然、洒脱，又淡定。它们万众一心地盛开着，像一群刚出生的小丫头，欢笑着，私语着，对世界有初次相见的懵懂和憧憬。我们都爱野菊花，有一颗热情的心，总爱采来野菊花，簪在鬓角，或是插入花瓶。

　　秋风飒飒，百花凋零，而菊花却"宁可枝头抱香死，何曾吹落北风中"，生生地干枯在枝头。菊花的这番傲骨，被后人所敬仰，野菊花当然也不例外。

秋的使者

　　我坐在绣湖公园的石桥上,一笔一画地描绘眼前这棵高大的、戴着彩色帽子的栾树。这棵树上的蒴果颜色很多,她们恰似穿着不同外衣的女子。有的褪去了所有的浓妆艳抹,只披一袭淡绿色的轻纱;有的描唇画眉,神采奕奕地欢迎秋姑娘的到来;有的满不在乎,穿一条粉红色的石榴裙,腰间系一条绿带子,悠然自得地从空中落下,掉进水里……每一棵栾树都是秋的使者,她们提着灯笼一齐欢迎我们。

　　我画完了,开始去寻找其他的栾树了。走了一会儿,到了九曲桥,这里既能看远景,又能细细地观察。我和楼夏语先走到一棵矮小的栾树前,我的眼光突然停在了这棵树的树尖上,那是一簇朝着天空的蒴果,那一簇火红的蒴果，像一团团明亮的火焰，向着白云热情地舞动着身体，她们是在请求白云帮助她们长高吧！这时一阵风吹过栾树的树梢，栾树摇曳着她绚烂红艳的果实，像是在欢迎风的到来。风从树叶间掠过，发出哗啦哗啦的声音。哦，风是音乐老师，它在教栾树唱歌呢！

时间不早了，我们要回石桥那儿。回去的路上，我捡了几枚栾树的果实，准备仔细观察。到了石桥上，我便坐下开始写作了。写了几行，突然没了灵感，于是我就拿过一颗果实，掰开瞧瞧。这颗蒴果里面有三颗小小的圆溜溜的种子，粘在蒴果胖胖的外衣上。我突然发现，这层外衣上还有一只正在蠕动的虫子！我大叫一声，扔下了那颗已经被掰开的蒴果，玉婷姐姐和楼夏语都来看了，那只虫子趴在种子上，似乎害怕得瑟瑟发抖。我们就这样默默地看着，谁也不敢动那只虫子。

天黑了，我们要回湖畔书院了，我向栾树们告别，栾树们在风中唱着歌，一直把我们送出绣湖公园。

一树擎天，圈圈点点文章

四壁峰山，满目清秀如画；一树擎天，圈圈点点文章。

——［宋］苏轼

　　秋天的午后，正是一天中最舒服的时候，阳光照在身上，不似平日那般燥热，反倒有一种久违的春天的感觉。穿过绣湖公园的石头小径，映入眼帘的是一片萧瑟的秋之景象。许多树的叶子都簌簌飘落，它们发出一声声叹息，叹息着自己的苍老，叹息岁月又走到了枯萎的时刻。

　　突然所有的人眼前一亮，几株银杏树带着灿灿的金光在阳光下闪耀着，像一大片黄色颜料被人随意地泼洒在枝头。微风拂过，几片银杏叶微微打着卷儿，悠悠然地落到地上，没有依依不舍地盘旋半空，也没有急促慌乱地一坠而下。它似乎沉浸在自己的遐想中，从离开枝头到躺在草坪上，都是一副沉默不语的模样。风再大些，便有所不同了，恰如兵至城中，一大片树叶，说落便全落了，铺天盖地，浩浩荡荡地席卷而来。风悄无声息地撤退，干净利落，细碎的"黄花"却开了一地。整个草坪，像金色的地毯，叫人很想躺在草地上，享受阳光的沐浴，也感受这地毯的温暖。坐起来，随手捡拾一朵"花儿"，学着古人，斜斜地插在鬓角。或者干脆再带一盏清茶，携一本好书，坐在这树下，静静地赏析这大自然的杰作，仿佛岁月真可以是流金。

银杏叶的经脉是细细的，光滑的，一条一条排得整整齐齐，摸上去有那么一点点粗糙。有的叶子黄中带绿，像是两种颜色加了水渲染开来，浑然一体，天衣无缝，不带任何修饰。柄断裂的地方光滑无比，好像被刀切过一般。我拾起一片，那是一片有两个杈的银杏叶，我在上面写上自己的名字，夹在摘抄本内。银杏叶扁扁地挤在书页之间，散发着淡淡的香味，这秋的信物大概是能留到来年春天的。

夕阳西沉了，游客渐渐稀少，我躺在树下，仰头望着头顶的大树。最后一点阳光尽力照在树杈间，像无数孔明灯在头顶盘旋，一片斑斓，令人眼花缭乱。

走出大门，那根掉光了叶子的树枝格外醒目，像一根手指，傲然地指向天空。沿着银杏手指的方向，春天快要来了吧?

灼灼其华

湖畔茶事

淡雅、悠长的清香一缕缕钻进鼻中，闭上眼睛，品着古色古香而又不失清新的茶韵，也品着湖畔多年的茶事。

品好茶，用盖碗。一大排木桌子上，各式各样的盖碗，茶盘，还架起了一个大玻璃壶，里头咕噜咕噜地冒着泡，菊花在水中翩翩起舞，不忘将香气吹出缝隙。盖碗人手一个，我挑中的那个，是丁妈妈和三姐从北京的老舍茶馆带回来的，一眼望去，只有蓝白两种颜色，显得十分清新、朴素。几行秀气的小字，似一位姑娘，将茶馆数百年的历史娓娓道来，再捧起来仔细观察，映入眼帘的是茶馆中人声鼎沸的画面，客人们坐在竹椅上谈笑风生，不忘掀起茶盖，摇动茶水，使茶叶在水中上下翻转。再低下头，闻一闻沁人心脾的茶香，也品一品那"唯觉两腋习习清风生"的快意。店小二忙着添茶倒酒，而巾帼不让须眉的女子茶博士则将斟茶融入舞蹈中，比传统的动作又多出许多妩媚，果然是碗好茶！

排着队，我们去取泡茶的材料，三颗红枣，三颗桂圆，两颗枸杞，五朵菊花，还有湖畔书院珍藏了数十年的上好老白茶，老远便闻到了浓郁的茶香，这些好东西泡在一起，叫作"八宝茶"。当食材在杯中落定，老师便将水挨个儿倒入茶杯中，水面上立刻浮起了一层白烟，教室中刹那间烟雾弥漫，也顺带着散开了浓浓的香气，欣赏着茶叶、菊花等在水中上下飞舞，观看着黄中带绿、透亮的茶汤，心情无比愉悦！

我托着茶盘，揭开茶盖，轻轻拨动红枣，使枸杞浮在水上，此时，水已然变成了琥珀色，金黄的，不掺一点杂质。轻轻抿一小口，全身的骨头像被一股暖流包围住了，简直就要酥软了，那甘甜却又带些微苦的奇妙味道，在舌尖荡漾。再抿几口，便如卢仝的《七碗茶歌》中所说："平生不平事，尽向毛孔散。"所有的烦恼，都似流水一般，随细密的汗珠一起烟消云散了，真爽啊！

茶，是中国人的饮料，那源远流长的文化和滋味，品之不尽。

梅香袅袅

"蝶采花成蜡，还将蜡染花。"这诗说的正是蜡梅。今天是个大晴天，我们来到公园，准备一睹蜡梅花的风采。

刚进公园，就闻到大安寺塔边风儿送来一阵幽香。我们走近一看，哇，一棵光秃秃的树上长满了"金子"，闪着光泽，散发着清香。我爬上石凳，仔细观察这棵"金子树"。妈妈告诉我们，这就是蜡梅树，是整个绣湖公园开得最旺的一棵。我踮起脚尖，摘下了一朵小小的、还没完全开放的花儿，闻一闻，有一股袅袅的清香。我使劲地用鼻子吸着，生怕这香味儿溜了。鼻子过足了瘾，我打量起这花儿来。这朵花可真美，盛开的花瓣像白玉片。把它放到阳光下细看,近乎透明的柠檬黄,靓丽又不失温婉,好像是一片片薄冰,触手即化。这时,妈妈递给我一枝蜡梅,上面挨挨挤挤地开满了花儿。多的那边,几十朵花开心地聚在一起,你的脸挨着她的脸,我的手搭着你的背,无比亲热。另一边,只有一朵身体微微下垂的花儿,它眼望地面,是在和落叶说悄悄话吧。这时,我注意到了那个孤独的花骨朵,它如一粒圆溜溜的黄玉石,与玉石不同的是它的花瓣上隐约有一些脉络。我把它抓住,一片一片地剥开,呈现出花蕊来。花蕊是橙红色的,一根一根像柔弱的小姑娘,软软地靠在花瓣上。我小心翼翼地"扶"起它们,可不一会儿,它们又倒了下去。唉!我终于放弃了这扶不起的花蕊,丢下这个花骨朵,失落地走了。

走了一会儿,我们又来到了另一棵蜡梅树前,这是在华川书舍的院墙外,周围是粉墙黛瓦,蜡梅花在这里显得更加脱俗。几棵绿树把这儿环绕着,十分幽静。蜡梅花的香味儿聚集着,凝在空中。我马上选定了这里,坐下来一边欣赏美景,一边细细描绘在粉墙黛瓦映衬下的蜡梅,仿佛身临仙境。

宋代有位诗人这样赞叹蜡梅花:"不肯胶然争腊雪,只将孤艳付幽香。"王安石亦有诗云:"墙角数枝梅,凌寒独自开。遥知不是雪,为有暗香来。"在寒冬腊月,蜡梅默然开放,幽香袅袅,令人发自内心地喜爱它。我想我离开绣湖公园时,身上该会带着淡淡的梅香吧!

冰糖葫芦

　　一副担子在街巷间穿梭，一串串红艳艳的糖葫芦在风中微笑。不一会儿，香味儿就在人们鼻尖弥漫开来，招来了一长队嘴馋的小朋友。太阳初升，安静的街巷瞬间热闹起来，小摊前挤满了人，那个佝偻着背的老爷爷看上去容光焕发。他手脚麻利地在摊前忙活，不一会儿，一串浇了糖汁，圆润饱满，在阳光下闪烁着点点金斑的糖葫芦便递到了我手中，咬一口，唇齿留香……糖葫芦，童年的糖葫芦，陪伴我长到十一岁了，那味道，至今令人难忘。

　　我怀念的糖葫芦，几乎是面临生存危机的物种，超市里货架上零食琳琅满目，想吃什么买不到？街上走的都是些打扮时髦的小姐姐，头发油亮的先生，无人在意那几串冰糖葫芦。街巷中卖冰糖葫芦的人几乎绝迹，想再尝尝那美味真是难上加难。

今天,看到湖畔书院木桌上摆着的各种水果,闻到那熟悉的糖汁香,又勾起了许多年前我对冰糖葫芦的痴爱。同学们如潮水般涌进来,人手拿着一根竹签,开始自己动手做一串"冰糖葫芦"。他们肆意"掠夺"桌上的水果,争着往自己的竹签上插。看,贪心的妞妞,她冲在最前头,每个水果都抓一把,就算是那根最长的签也承受不住重量,在众多水果大军的欺压下,身体承受不住头的重量,摇摇欲坠。妞妞一边在喊:"装不下了,签子要断了!"另一边却看着别人装那么多,着急了,顾不得可怜的签子已不堪重负,一把又抓过几个车厘子,把两个插上竹签,还有两个手忙脚乱地送入口中。一见还有竹签,妞妞便又抓起一根长签子,对下一个目标虎视眈眈。

而我却不像她那般,我站在桌前挑来选去,越选越摸不着头脑,做个怎样别具一格的冰糖葫芦呢?哦,做个雪人儿!一有这个念头,心里顿时明亮起来了,我就做个"雪人冰糖葫芦"吧,于是精心挑了两个饱满硕大的草莓,一一切开。细心的三姐早发现了香蕉的妙处,她正在切香蕉,我去时一块块香蕉已经切好,整齐地摆放在碗中。我把草莓底部插在竹签上,再插一个圆圆的香蕉片,再盖上一顶

冰糖葫芦

尖尖的小草莓帽儿，"香蕉脸"上嵌两粒黑芝麻，一个活生生的小雪人就出现在眼前，它像个爱干净的小姑娘，全身上下打理得清清爽爽。

"咕嘟咕嘟"，熬好的糖浆端上来了，冒着些许白烟，锅前"呼啦"一下排起了长队，我动作稍迟了一秒就排到了最后。我努力将脖子伸到最长，眼看一串串冰糖葫芦浇好糖汁摆上了盘子，我作为一个地道的吃货，看着锅中的糖浆越来越少，急得像热锅上的蚂蚁团团转。好不容易轮到我，我拿起勺子，便开始拼命将糖浆浇到我的冰糖葫芦上。

我等不及它晾干变脆。看看旁边的丁妈妈，她一拿到也不顾糖浆滴下来，就仰起头将嘴凑过去，"哧溜"一下，就吸下一个金橘，一边品尝，一边还大声赞叹道："好吃，好吃！"我也学着丁妈妈，用嘴接住滴下来的糖汁，又咬下了一个草莓，让稠稠的糖汁在舌尖融化，渗入心脾，不禁感叹，童年的记忆又回来了！

腊八粥

"小孩儿小孩儿你别馋,过了腊八就是年。腊八粥,喝几天,哩哩啦啦二十三。"提到腊八粥,谁的嘴里不立时生出一种甜甜腻腻的感觉呢?今天是腊月初七,我们湖畔书院上上下下都忙了起来,准备煮一锅腊八粥。

煮腊八粥,需要许多干果、豆子之类。阿姨拿出了厨房里剩下的干果、豆子,放在盘子里让我们看。我往前凑去,五彩缤纷的一盘,红豆、玉米小碎粒、冰糖、红枣、莲子、枸杞、百合干……我看着就眼馋,口水都挂到了嘴角边,忍不住就要伸手抓几颗冰糖、红枣吃。但是想了想,我还是擦掉流下来的口水,把手缩了回去。这些干果、豆子真可爱。莲子披着小白袄,嘴巴是棕色的。它们有的仰着头,张着嘴,像嗷嗷待哺的小鸟;有的被分成两半,可怜兮兮地

躺在盘子里……最有趣的要算枸杞了,它们穿着皱巴巴的红外套,摆出了各种姿势。瞧,那个扁扁的"小家伙",多像一叶扁舟!呦,那个枸杞变成了一个超人!总之,这些豆子、干果就是那么惹人喜爱。我盯着这些"小可爱"看了半天,才不舍地端起盘子递给阿姨,让她去煮腊八粥。

阿姨的腊八粥什么时候煮好呢?我们在楼上,望着钟不紧不慢地走,心急如焚。不知过了多久,楼道上飘来一阵香味,紧接着,阿姨戴着白手套,端着一锅腊八粥上来了。我们欢呼着拥上去,把阿姨围得"水泄不通"。望着还在吱吱冒热气的腊八粥,我突发奇想,这腊八粥要是温泉就好了。这样热气腾腾的,泡进去肯定很舒服。还有一个好处,如果饿了,在泡"温泉"的过程中还可以偷偷喝上一口哟!这时,阿姨让我们洗手,说洗干净了小手才能来吃腊八粥,可是我们一个也没听见,仍是站在那里直勾勾地盯着大锅流口水。这时,妈妈出来了,她大喊一声:"去洗手呀!"我们这才如梦初醒,赶快去洗手。我洗完手盛了一碗腊八粥,迫不及待地舀起一勺,送往嘴里。才吃了一口,我就叫了起来:"Yummy!"(就是很美味的意思。)这腊八粥像是包含了世界上所有的美味,棕褐色的黏稠的粥,散发着诱人的香味。满嘴的甜,但莲子和百合干是苦苦的。

要知道有多苦,就去看黄可可。她连眉毛、眼睛、鼻子、嘴巴都皱到一块儿去了。红枣甜甜的,枸杞香香的,吃着让人回味无穷。我迫不及待地吃完一碗,又要去盛。可是腊八粥被抢光了,我只好垂头丧气地回到座位上。

过了一会儿,阿姨又从另一个盘子里拿了一些豆子干果,说要再煮一锅,我们都兴奋极了。于是,一边奋笔疾书,一边焦急地等待,期待阿姨的身影快快出现⋯⋯

故事花田

我的童话梦

昨天，丁妈妈送给我一床粉红色的童话被子，被子上画着许多城堡、热气球，还有可爱的小马、蝴蝶……今天晚上，我睡觉的时候就盖上了它，不知不觉中进入了梦乡。

一、衣柜下的老鼠王国

我来到湖畔书院，那里似乎是在大扫除，我也想去帮忙。正不知道该做什么事时，心心招呼我："我们来捡柜子底下的垃圾吧！"我走过去，和她一起捡。柜子底下的垃圾不多，我们很快就捡了一大半，捡到最后一个柜子时，我们惊奇地发现柜子底下站着一群老鼠，它们服装各异，有的穿着粉色的石榴裙，有的穿着绿上衣、蓝裤子，我和心心都惊呆了。我悄悄伸过手去，提起了一只老鼠。那只老鼠又是挥手,又是踢腿,大叫:"喂,你干什么?"这一叫,可把我们结结实实地吓了一大跳,都像个木头人似的愣在那里,说不出话来。那一大群老鼠拉着我们的袖子、裙子,把我们拖到了衣柜下。

衣柜下竟是一个老鼠王国。老鼠王国里沙发、太师椅、桌子,美味佳肴,一应俱全,这是迎接贵宾的布置。我们被带进大厅,那里坐着一个头戴皇冠、身穿粉裙的老鼠女王,她让老鼠们把我们打扮得漂漂亮亮,让我们站在圆圈里,说是要选公主。霎时,整个老鼠王国里的老鼠都停住了手里的工作,目不转睛地盯着我们。老鼠女王一声令下,炮火在我们身边爆炸。老鼠们都向我走来,事情变得越发诡异起来,我害怕了,拉着心心的手就跑。渐渐地,渐渐地,我们快接近大门了,隐约听见老鼠女王在后面火冒三丈地大叫:"把她们抓回来!"我们的心跳得更加快了,后面脚步声踢踢踏踏,越来越近,我们终于跑出了湖畔书院,向家里跑去。

老鼠们被门槛堵住了,出不来,急得吱吱乱叫,我们可得意了。却突然发现老鼠们开始叠罗汉,一层比一层高,最后已经有一半的老鼠翻过"围墙",向我们奔来。我刚要跑,忽然耳边想起了妈妈的叫声:"起床啦!"我一骨碌翻身起来,发现自己仍在床上,妈妈站在床边笑嘻嘻地说:"怎么样,昨晚盖着童话被子,有没有做一个童话梦啊?"我告诉了妈妈这个梦,妈妈激动地说:"多有趣的梦啊,快把它写下来吧!"我说:"好啊!"于是就有了这个故事。

二、坐上热气球

我好像还做过一个类似的梦,梦见我和心心去海边坐热气球,热气球越飞越高,已经到了白云之上。我们聊得正高兴,全然不知有一只海鸥飞到了热气球顶上,只听"噗"的一声,热气球被海鸥啄漏气了,我们急速下坠,掉到了一片白云上。这片云朵像一个大棉花糖,我们正好饿了,就趴在云朵上吃啊吃啊,吃出了一个大洞。忽然一阵风吹来,我和心心都通过大洞掉到了一个老鼠星球上。这里的房子、树、老鼠都是用云朵做的,我和心心吓得直打战。真是冤家路窄,怎么又碰见了这群老鼠,如果他们要抓我们,那我们怎么逃呀? 不过,事情好像没有我们想象的那么糟,一只年长的老鼠带着小老鼠走过来,它给我们安排了一个好差事——当飞行员,于是,我们就开着云朵飞机出发了。刚开始我们都很新奇,轮换着开飞机,一会儿上一会儿下,可好玩儿了! 但时间久了,我们又都饿了,回头去找老鼠星球,但不知飞机已经飞出了多远,老鼠星球已不见踪影。我们面对面苦笑着,双手一摊,没办法,只好啃起飞机来,啃啊啃啊,飞机破了个洞,冷风呼呼地从洞里灌进来,心心打了个喷嚏,"啊嚏",这下可不得了,飞机像块石头似的落了下去,落在了我的床上。耳边又是妈妈的叫声:"赵蕴桦,要迟到了!"我不情愿地睁开眼睛,迷迷糊糊地躺在床上,窗外太阳已经高挂,哪有什么飞机!

三、老鼠的魔镜

十月十日佛堂民俗文化节,我们要去舞台上表演古筝吟诵。前一天晚上,我做了一个很离奇的梦,梦见我和心心换上表演服准备表演,临上台时照了一下镜子,可是镜子里却空无一人!啊,这是怎么回事?我们变成空气了吗?我赶紧摸摸身体,手是好的,脚是好的,怎么镜子里边照不出人来呢?正惊慌失措,突然镜子里走出一个头戴魔法帽,身披黑披风,手拿魔法棒的老鼠,他不满地说:"你们的衣服真难看,可不配照我的魔镜!"说着,他转动身子,口中念念有词,我们都诧异地看着他,过了好半天才回过神来,老鼠魔术师却已不见。心心看了看我,突然说:"哇,你的衣服好漂亮呀!"我赶快跑去照镜子,都没顾得上去看心心,可是,我越着急,脚越是紧紧地"粘"在地板上,说什么也迈不开步子,我奇怪极了,这时耳边又响起了妈妈的声音:"太阳晒屁股啦!"我的好梦就这样到此为止。我真的好想知道那时的我有多漂亮,都怪妈妈,每次都在我做梦做到最精彩的地方时叫醒我。

童话山谷里的温泉

　　在一个很远很远的地方，有一个童话山谷，那里一年四季风景如画。春天，万物生机勃勃，从远处看去一片嫩绿。夏天，荷花开满池塘，萤火虫提着小灯笼飞来飞去。秋天，银杏叶金黄金黄的，像一把把小扇子，田里丰收了，农民们唱着歌，水果成熟了，远远就闻到一阵阵香气。冬天，北风呼呼地刮过树梢，雪花在空中飞舞。孩子们不怕冷，穿着棉袄出来堆雪人，打雪仗。风儿笑了，用冰冷的嘴唇亲吻孩子们的脸蛋，孩子们的脸都变得红通通的。

　　在这美丽的童话山谷里，住了一群可爱的童话精灵——小动物们。他们都喜欢泡温泉，而且各有各的特点，细心地保护着童话山谷，童话山谷一天比一天好看起来了。

我是一只快乐的粉色小鸟精灵,喜欢在蓝天上飞翔,累了就停在树上休息,小动物们便给了我一个好差事——当报信员。当了报信员,我的任务是寻找好吃的和好玩的,虽然每天都忙得大汗淋漓,但看着小伙伴们吃饱喝足,满意地玩游戏时,我心里总是暖融融的。

我的小伙伴,有鼻子特别灵、外号"小侦探"的小黄狗和斑点狗宝宝,有着长鼻子、天天帮我们洗澡的大象宝宝,聪明又机灵、眼睛又大又亮、人称"千里眼"的小狐狸宝宝。我们有空就泡温泉,泡了童话山谷里的温泉,再糟糕的心情也会变得好起来。

这天,小动物们照样一边玩一边等云宝宝来,告诉大家今天的天气好不好,能不能泡温泉。云宝宝不一会儿就来了,他似乎很高兴,气喘吁吁,脸上带着微笑,额头上布满细细的汗珠。不等他开口,大家就知道一定有好消息。果然云宝宝上气不接下气地说:"告……告诉大家一个……好消息,今天可以……可以泡温泉了!"大家一听都欢呼起来,"哦! 耶!"可是,到了下午,小雨滴呵呵笑着来了,滴答,滴答……小伙伴们去问星星妈妈和月亮妈妈:"下小雨了,我们还能泡温泉吗?"月亮妈妈温柔地说:"孩子们,不行啊,雨天泡温泉会着凉的。"星星妈妈凶巴巴地叉着腰,用火眼金睛盯着我们,不许我们靠近温泉半步。唉,看来我们的温泉计划要泡汤了。

夜幕渐渐降临,星星妈妈和月亮妈妈都进入了梦乡,我却怎么也睡不着。突然,脑中灵光一闪,我忙推醒小伙伴们,对他们说:"我们偷偷地去泡温泉吧。""这个主意好。"小雨滴说。"大家走吧。"我们轻手轻脚来到温泉池边,放满了水,一个个像青蛙一样,"扑通""扑通"跳进了水里,水花溅了我们一脸,我们都笑了。大象宝宝扬起长鼻子,喷出一条水柱,给我们冲热水澡,我们都快乐地喊起来,"啊,下温泉雨喽,好暖和,再来点儿,再来点儿!"接着小斑点狗跑出去,蹑手蹑脚地抬了一块动物蛋糕进来,放在温泉旁边的桌子上,然后,他清了清嗓子,一本正经地宣布:"生日晚会,现在开始!"我们都扑上去,争着去吃蛋糕,你一块水果,我一口奶油,不一会儿蛋糕就被吃了个精光。我们高兴地唱起了歌:"我去泡温泉,天天不迟到,妈妈说,不要泡,你为什么总往水里跳?"

没想到歌声传到了星星妈妈的耳朵里,把她惊醒了,星星妈妈一看,吓出了一身冷汗,孩子们都不见了! 她赶快开始搜寻孩子们,眼看着就要搜到温泉池了,小狐狸耳朵灵,压低声音对小伙伴们说:"有人,快放水,我们躲起来。"大象宝宝用鼻子拉开放水的盖子,水咕咚咚咚地流进了下水管道。脚步声越来越近,我们正暗自担心,会不会被发现,忽然一只无形的手把我推进了下水管道里,"救命啊!"我叫道,紧接着小伙伴们都一个接一个掉了下来,没人来救我们了! 我们一直往下掉,四周黑漆漆的,伸手不见五指,好不容易看见了一丝微光,小狐狸突然大叫:"我的手套,我的手套掉到了温泉池里了,快回去拿!"可是只听"砰""砰"几声,我们挨个儿落到了地面上。顿时阳光耀眼,刺得眼睛都睁不开。好不容易适应了光线,环顾四周,啊,温泉底下的世界竟是一个美丽的大花园,花园里开满各种各样漂亮的、稀奇的花,香气扑鼻,我们都陶醉了。走出花园,便跟我们的世界没什么两样,清澈见底的小河,连绵不断的群山。哎,山上会有什么呢? 我们决定去探秘。

再说星星妈妈,她看见温泉里一个人影都不见,很是奇怪,这时,她发现小狐狸落在池底的手套,自言自语地说:"他们来过这儿,可是去哪儿了呢? 不会掉进洞里去了吧?"话音未落,"嗖——"星星妈妈也被吸进了温泉的下水管道里,来到了这个美丽的世界。

星星妈妈和我们在山路上相遇了! 我们都吃惊不小。星星妈妈也想去探秘,我们便一起向山顶进发。快到山顶时,我们发现一个老头一边念着"呜呜,咕呱滴啦,砰,咚"这些我们听不懂的语言,一边走来。我和小黄狗迎上去问道:"爷爷,山上有些什么?"老头扫了我们一眼,慢吞吞地说:"你们是在晚上泡温泉时被吸进来的吧?"天哪,他什么都知道!我赶紧恭恭敬敬地说:"是啊,请问这是什么地方?"老头突然唱起了歌:"这里是个好地方,可惜你来了就回不去,除非你爬上这座山,找到温泉的源头。哦——哦——""啊,原来是这样,这么说我们可能回不去了?"我问。"对。"老头说完,就化作一股青烟消失了。

星星妈妈的暴脾气又上来了,她指着我们破口大骂:"谁叫你们不听话,半夜偷偷起来泡温泉,现在,不仅你们回不去,还连累了我!"她讲得唾沫星子乱飞,终于停下来,大口大口喘气,眼睛里还跳动着火苗。我们都低着头,垂着手,大气也不敢出。太阳宝宝胆大,小心翼翼地说:"星星妈妈息怒,我们还是先找到温泉的源头要紧。"星星妈妈一听也有道理,气消了。于是我们踏上了寻找源头的旅程。

我们找遍了整座山,除一口枯井以外,什么水源也没有,我们只好爬进枯井试试运气。到了枯井底下,水居然"咕嘟咕嘟"地冒了出来,在下面水变暖了,变深了,我惊奇地发现,我们在水中竟能呼吸!不知漂了多久,我们全身都湿淋淋的,成了名副其实的"落汤鸡"。又漂了一会儿,听到了波浪拍打堤岸的声音,我们来到了海里!眼前忽然银光一闪,眨眼间我们就站在了一座金碧辉煌的宫殿里!定睛一看,中间那张宝座上坐着的不正是威风凛凛的西海龙王吗?我们吓得面无人色,赶忙跪下磕头,战战兢兢地说:"小……小的们参见……参见龙王。"龙王捋捋胡须,爽朗地哈哈大笑,说:"起来,很好,许久没有人来我这儿了,你们是第一批找到温泉源头的人,我要奖励你们一些礼物。嗯,送什么呢?对,就送珍珠吧,我们龙宫的珍珠可是稀世珍宝,世上最好的。"说着他手一挥,四只巨大的乌龟顶着四盒珍珠进来了。盒子里的珍珠果然漂亮,一颗颗又大又圆,闪着耀眼的金光。我们接过盒子,谢了龙王,欢天喜地地离开了龙宫。

走到宫殿门口时,我们又犯难了,外面是海,怎么回去呢?老龙王一招手,一朵祥云飘来,正好飘到我们脚下,我们踏上祥云,祥云带着我们飞离了西海龙宫,向童话山谷的方向飞去……

童话山谷里的温泉

蘑菇圈

又是一个饥荒年,潘小乔在逃亡途中与爸爸、妈妈和弟弟走散了。她身边只有一只叫梅花的鹿和一只叫毛茸茸的小松鼠。她骑在鹿的背上,后面跟着松鼠,走了三天三夜,又饿又累,终于来到了一片草原上。说是草原,不如说是一片荒原,什么也没有,但在远处却有星星一样的白光。她的鼻翼像狗一样翕动起来,闻到了一股幽香。"蘑菇!"他们三个像充满了气的球一样弹了出去。

那是一个好大好大的圈子。草长得肥沃,冒出许多蘑菇,平菇、鸡枞、干巴菌、青头菌,应有尽有。圈里有三间小木屋,还有一张小桌子。桌子上摆满了各种蘑菇做的美味佳肴,最中间长有一个大蘑菇。毛茸茸钻进一间小木屋,梅花钻进另一间小木屋,潘小乔看见蘑菇圈一些薄薄的地方,潮湿松软的苔藓下有个东西在拱动。不一会儿,小小的蘑菇就露出油黑的稚嫩的面孔,一股幽香弥漫在静谧的天地间。一个温和的声音响起:"我就是蘑菇圈,小木屋里有睡袋,你住在这里吧,我有很多很多好吃的蘑菇。"潘小乔答应了。

潘小乔每天吃了睡,睡了吃,她差不多忘掉了自己的爸爸妈妈和弟弟,在这里无忧无虑地生活,有些乐不思蜀了,因为蘑菇圈会长蘑菇,还能自动用刀切成丝,撒上盐,或烤,或炸,或煎,或蒸,或煮,十分美味。可是,有一天她想要一份烤金针菇和一份白玉菇,金针菇没有出现,白玉菇也没有出现。不过很快就恢复了正常,蘑菇圈后来对潘小乔说:"不要摸那个大蘑菇,你一摸我就会睡着五分钟,就什么都不能给你了。"潘小乔点点头。

奇怪的是每天潘小乔都会听见蘑菇圈对自己说:"你不是潘小乔啊,忘了这个名字吧,你现在叫小星海。小朋友的小,星星的星,海洋的海,是第3253个蘑菇。"有时候潘小乔真的搞不清自己是潘小乔还是小星海,是一个蘑菇还是一个人呢?她只有在下午四点最清楚自己不是一个蘑菇。其他时间里蘑菇圈就用最慈爱的声音说:"你是一个蘑菇啊,蘑菇……"她有些神志不清了。

今天她去看了毛茸茸和梅花，他们开了门，一个长着蘑菇头，一个长着蘑菇脚，以至于他们差点相互认不出来了。"铛，铛，铛，铛"下午四点，钟敲响了。他们终于看穿了蘑菇圈的阴谋：蘑菇圈就是想让他们变成蘑菇，那些蘑菇很可能都是人变的！

潘小乔现在特别清醒，她想起那个大蘑菇，眼前一亮，对蘑菇圈说："我的皮球不见了，帮我找找吧。"的确，她的皮球真不见了。蘑菇圈开始四下环视，找到了，在草丛里。潘小乔拍着皮球，假装玩了起来，慢慢地倒退，猛一转身碰到了那个大蘑菇。蘑菇圈气急败坏道："你……"就没了声音。潘小乔和两个伙伴纵身一跃，跳出了蘑菇圈，果然一出去，他们都不再有蘑菇的特征，变回了原形。

只听身后的蘑菇圈发出了"呜呜"的声音，有些蘑菇也变成人逃了出来。蘑菇圈呜咽着说："我原本围在蒙古包外面，里面住着一些游牧的人，每天把剩菜剩饭倒在我身上，土地肥沃，便长出了蘑菇。可后来他们搬家了，我很想念他们，同时就努力进化自己，还培养了更多用人做的蘑菇，希望这样肉能更鲜嫩一些。但他们一直都没有回来，我不能再等了，我活下去也没有什么意思了。"说完，它更剧烈地震动了起来。潘小乔大喊："停一停，你的主人说不定还在挨饿,你把孢子给我吧,所有人都不会挨饿了!"蘑菇圈停止了震动,很纠结很犹豫的样子,半晌,它点点头,抛出了一大袋蘑菇。那些蘑菇褶子里有很多很多孢子,它们是蘑菇的种子。蘑菇圈轻颤几下,就缩回了地里,看上去和草原没什么两样了。潘小乔骑上梅花,带着毛茸茸,沿路撒下那些蘑菇的种子……

大熊餐饮店

　　大熊餐饮店在森林里很有名,所有小动物都爱去那里品尝美味,因为店里有一只大耳朵兔。

　　大耳朵兔有一手绝活,他会用露水做饮料。那露水必须是在圆月的晚上爬到一棵樟树上,在树顶长得最高的叶子上采集的。大耳朵兔常常是忙了整整一个晚上才采集到小半碗。将露水洒在饮料里,饮料就变得清清凉凉,喝下去有一种轻盈的感觉,让人觉得好像要飞上天空。

　　他还会用树叶做面包,那树叶长在一种奇特的树上,采摘刚刚冒出的嫩叶儿,嚼一嚼有甜甜的味道。把那种嫩叶插在新鲜出炉的香喷喷的面包上,哇,一片金黄的沙漠中,长着几棵嫩绿的小树!看着就让人垂涎欲滴。再尝一口那又甜又香的味道,马上从舌尖到舌根,再到喉咙,最后似乎连身体的器官都已经尝到了树叶面包带来的奇特感觉。

要说大耳朵兔做的蛋糕,那才真叫绝。那是在雨过天晴,一弯彩虹桥挂在天空时,搭一架天梯从天上摘下云朵做成的。一朵朵云还真像棉花糖,捏起来软软的,闻起来香香的。只要把白云和面团揉在一起,送进烤炉里烤上一会儿,一个雪白的蛋糕就出炉了,上面还吱吱冒着热气呢!

还可以加一点儿星星的光辉。那是在没有月亮的晚上,在野地的草尖儿上找到的,不过一定要仔细找,不然会错把虫虫拉的白色大便采来的。大耳朵兔往往是从天刚黑开始采到天亮,才采了一小瓦罐。加上星星的光辉之后,蛋糕就变得闪闪发光,在夜里似乎都能当"照明灯"。

大熊老板望着能干的大耳朵兔师傅,每天都乐得合不拢嘴。

可是有一天,这件事被狡猾的狐狸知道了,狐狸想尽各种办法从别人口里得知了大耳朵兔做美味的这些绝招。他想:这有什么了不起的,不就是加点儿露水、采点儿嫩叶什么的嘛!我也会!我赚钱准比他们赚得多。

当然,狐狸可不愿意那么费劲儿地去采集那些稀有之物。他是个爱耍小聪明、会偷懒的家伙。他也开了一家餐饮店,还违心地给他的店取了一个神奇的名字:吃了就会做梦的美食。他也声称他做的美食有樟树上的露水、有奇特树上的嫩尖、有星星的光辉……他做的饮料、树叶面包、蛋糕外表看上去和大耳朵兔做的一模一样,而价格却比大熊餐饮店便宜一半。这家店一开张,森林里的动物都来尝鲜。狐狸忙前忙后,生意十分红火。

大熊餐饮店里冷冷清清的无人光顾,一连几天都是这样。熊老板和大耳朵兔师傅赚不到钱,只好关了门到处流浪。但是凭着大耳朵兔灵巧的心思和一双勤劳的手,他们在外面流浪没多久,就成了当地著名的美食家。但他们仍然怀念家乡,怀念那片郁郁葱葱的森林,希望有一天能回到森林里,继续给熟悉的小伙伴们做美食。

终于有一天凌晨,他们收到一封信,是森林守护神孔雀写来的。信上说:"请你们回森林,我们需要你们。"大熊一看,高兴得一蹦三尺高,拉起正在呼呼大睡的大耳朵兔,买了两张火车票,当天晚上就乘火车回到了森林里。

大家七嘴八舌地告诉他们,狐狸开的店现在谁都不去了,因为那里的东西很难吃,许多动物吃了肚子痛,鬼知道他那些露水、树叶从哪儿采来的。动物们要将狐狸告上法庭,他还生气,口口声声说自己是无辜的。别人不信,他就出手打人，一点都不讲道理。现在大家都拿他没办法。大熊和大耳朵兔听了恨得咬牙切齿，他们和所有动物一起赶跑了狐狸。

"大熊餐饮店"又重新开业了，大耳朵兔又继续在这片他热爱的森林里为大家做美食，过着丰衣足食的快乐生活。

雁

  一场比赛即将在南方的大森林里举行,这是一场团队飞行比赛,飞得最快的鸟队将获得鸟中之王——凤凰的羽毛。

  老鹰们、丹顶鹤们这些刚迁徙到南方的鸟都来了。大雁们听说了,也赶来凑热闹。主持人小黄鹂对大家说:"鸟王凤凰还没到,大家可以多练习两天。"鸟儿们一听都很高兴,排好队伍练习起来。老鹰队飞得又快又稳,丹顶鹤队飞起来很轻巧,毫不费力。大雁队奋力扇动翅膀,白色的肚皮一鼓一鼓,脖子伸得笔直,脚也绷得紧紧的,一圈飞下来,已是累得满头大汗。观众们都大笑起来,还有人大喊:"一群笨大雁,回去吧,你们是不可能拿第一的!"大雁队毫不气馁,继续奋力扇动翅膀,绕着大树飞了一圈又一圈。

比赛日到了,凤凰来到比赛地点,让鸟儿团队绕着五十五座山飞一圈。"嘟——"哨子吹响了,丹顶鹤队、老鹰队和大雁队都飞向了五十五座山。

第二天,老鹰队扇着翅膀飞回来了。

第三天,丹顶鹤队飞回来了。

第四天,大雁队还没飞回来。

第五天,才看到领头大雁的影子。大家都嘲笑大雁们是最后一名。凤凰问三队鸟儿:"你们是怎么飞的?"老鹰队首领首先说:"我们排成一队,日夜不停地赶路。"丹顶鹤队接着说:"我们也是一样,只是走错了路,才变成了第二名。"凤凰点点头,又问大雁队,"那你们呢?"大雁七嘴八舌地说:"我们先排成'人'字形飞,领头的大雁在前面使劲扇动翅膀使气流上升,让后面的同伴省力些,当领头大雁疲劳的时候,我们就排成一字形,大家一起扇动翅膀,一起使气流上升。大家都飞累了,就减速,寻找一片水域停下来休息。""我们不像老鹰那样快,也不像丹顶鹤那样轻巧,所以我们没拿到第一名。""但是我们在这次活动中学会了更多哦!在经过雪山时,我们知道了怎样预知雪崩的到来,及时逃命。""在穿过沙漠时,我们学会了自己寻找水源。""一位同伴在睡觉时被猎人打中,我们为他举行了葬礼,这拖延了点时间,但我们很讲义气,不能丢下他不管。……"

凤凰没有说话。老鹰队兴冲冲地向凤凰讨要奖品,凤凰说:"飞得最快的确实是你们老鹰队,我把奖品——尾翼上的羽毛颁发给你们!"老鹰们高兴得欢呼起来。凤凰接着说:"我还要颁发一个奖——我头上的翎毛颁发给大雁队!"大雁们你看看我,我看看你,都惊讶得说不出话来。小朋友,你们知道为什么吗?

现在每到秋天,我们还能看见一会儿排成一字形、一会儿排成人字形的雁群,它们一次又一次,一年又一年,春一趟,秋一趟,南来北往,从不动摇。

宝石战争

在一个遥远的国度,你根本分不清哪个是普通人,哪个是侠客。因为人人都佩一把破剑,不论是富贵人家还是贫穷的老百姓,他们每天在大街上哀伤地走来走去。他们哀伤,并不是因为剑破了,而是因为他们的亲人死在了战场上……

很久很久以前,不知是谁发明了这样的祭祀方式:把剑摔断,缠上白布条,来祭祀在战场上死去的亲友。有一把剑不同,只有一把剑……那把剑现在在一家饭店里,在一个长发披肩的女子手里。这位女子叫子美,是一位女侠。她衣着朴素,那完好无损的剑上有一颗闪闪发光的红宝石。那女子就坐在那里,手里端着饭碗。周围的人谈笑风生,"哎,听说没,昨天的那颗宝石……""当然,连官府都拿这个人没办法,你想管啊……""哎呀,你这话说得……"女子皱了皱眉头,甩出几枚铜钱给了饭店老板,神不知鬼不觉地溜出了饭店。

　　没错,就是那个子美,是她偷走了那颗宝石,准确地说,是借。这颗宝石被挖出来的时候,上面刻着一行字:"得此石者得天下!"不知谁走漏了消息,很快,各个国家都知道了。他们一起朝城门攻来,她的许多挚友都战死在边关。只有她和一个英勇善战、足智多谋的女侠王红活了下来,现在王红也被召到了边关打仗。只有她孤独地留在了城里。是这颗该死的宝石,带走了她的朋友。她家里所有的剑都断了,除了最后一把已经变形的。

　　突然一声炮响,把子美从忧伤的回忆中拉了出来。她探头向城外张望,原来是一个小国家来攻城了。他们的首领,对探出头来的子美说:"速速交出宝石,不然,只有死路一条!"子美笑了,心想:这人口气挺大的,不过就这点兵力,敢和我们打?关内可是有二十万大军防守呢!于是,她大声喝道:"十万大军出城迎敌,三千名弓箭手准备,拉弓,射箭!"三千支箭一齐射出去,把他们打得抱头鼠窜,再也不敢来了。子美松了口气,下意识地望了望王红所在的边关。这时,边关已经被鲜血染红,没有打打杀杀的声音,没有敲响战鼓的声音,死一般的寂静。子美有一种不祥的预感,骑上马向边关飞驰而去。走到城外,才听见微弱的叮叮咚咚声,是王红吧,一定是她!子美到达边关,看见一个女侠打扮的女子在和两个敌兵搏斗,那女子身中几剑,一边大口大口地吐着鲜血,一边拿长枪与敌兵搏斗。"王红!"子美痛心地大喊一声,愤怒的脸已经变形。

她抽出宝剑,一剑砍下去,"唰"一个人头落地了,又一个人头落地了。所有的敌兵都死了。而王红也因为失血过多,倒在了战场上。"王红,你醒醒,战场上睡不得!"子美声嘶力竭地喊着。王红没有醒来。"唉!战场上有多少人能醒着回来呢?"子美痛心疾首,摔断了这个国度最后一把宝剑,也摔碎了那颗宝石。从此,天下太平了!

宝石战争

白围巾的秘密

　　"卖报了,新鲜出炉的《每日晨报》!"一个小贩捧着一大摞报纸沿街叫卖。

　　好久没看《每日晨报》了,我走过去,递给小贩一个硬币,接过晨报,一个醒目的大标题映入眼帘:白围巾之梦。"哦,白围巾?"我自言自语着,往下看去,"冬天,不仅要红泥小火炉,更需要一条梦幻的白围巾,给人温暖。"恰好一阵冷风吹来,我不禁打了个哆嗦,突然想要一条白围巾了!

　　我去找妈妈,她是个围巾收藏家,一下就拿出一大捆色彩斑斓的围巾,给我一一介绍道:"这是云南买回来的,这是我自己织的……"那如痴如醉的神情,好似天下最美的围巾都在自己这儿了。我的内心却有个声音在呐喊:"我要一条梦幻的白围巾,我要一条梦幻的白围巾……"我按捺住这样焦躁的心情,继续看下去,突然,我看到了一条白色的真丝围巾,忙喊道:"我要这条!"妈妈把围巾取下来,宝贝似的抚摸着它,陶醉地说:"这是你爸送我的生日礼物呢!可要保管好了!"

"好的。"我仔细端详这条围巾,它如轻烟,如薄雾,上面手绘一幅水墨画:一个小小的村落,古色古香的房子在绿树的映衬下显得格外有生机……这是个无比美丽的梦境啊,可我发现,再凑近点儿看,这和哪儿似曾相识呢?里头好像有几个小黑点儿在动,将耳朵贴上去,从围巾的深处隐约能听见欢声笑语,用手摸摸,湿湿的,有细细的暖流流入心中,一瞬间,整个人都变得轻飘飘的了,如踩在云端上一般。我快乐地想:这是一条神奇的围巾呢!

新年的列车缓缓开动,戴着那条围巾,我们在欢声笑语中远离了城市的喧闹,列车驶入了一个隧道。出来后,眼前是一片开阔的田野,上面有一座村落,几棵绿树,一口池塘,烟囱中飘出的袅袅炊烟笼罩了整个村子,仿佛在梦境中。

"啊!"我猛然想起了那条围巾,难不成……我从包中将它掏出来,慢慢展开,"天哪!"这幅梦幻山水图和奶奶家一模一样!我又变得飘飘然了,鬼使神差地在初春的早晨戴上了这条围巾,向田中走去。

　　我在绿色的田野中,呼吸着新鲜的空气,心情无比畅快。"哈,哈,哈!"围巾里传出这样的声音,紧接着这条围巾动了起来,像是一条银白色的水蛇扭来扭去,"啊,救命啊!"我叫了起来,把围巾扔到了地上。围巾在地上扭了几下,开始往外延伸,越来越大,我看得目瞪口呆,忘了后退,刚好踩进了那个水塘里,"啊——"我一边尖叫,一边坠入了围巾中的小水塘。

　　不知过了多久,我迷迷糊糊地睁开了眼睛,却看到两张熟悉的脸和一个可爱的小宝宝。咦,还在床上吗?我有点儿蒙了,刚刚明明掉进水塘里了呀!女人的脸动了动,高兴地说:"这个女孩儿终于醒了!"这不是妈妈吗?再仔细看时,却发现她和妈妈虽然眉眼十分相似,但明显更加年轻,那个"爸爸"也是。再转头看那个小宝宝时,我不禁笑出声来,这活脱脱便是缩小版的我嘛!我环顾四周,发现周围是群星小学的教学楼,而我在一个阳台上,一些塑料盆中种着几棵蔬菜,原来如此,我是穿越回去了呢!想到刚才掉进水塘里那个可怕的噩梦,我拼命地摇了摇头,想到了一个绝妙的主意。

　　"过去的我"三岁了,一天,我回家时,正好看见"爸爸"

将一条白色的,如轻烟薄雾般的围巾送给"妈妈","妈妈"喜欢得不得了,宝贝似的把它藏在柜子里,上班去了。"爸爸"也打开门,走了出去。他们后脚刚跨出门,我就立刻把门反锁了,拉上三岁的"我",告诉她以后一定不要带着它回来,她似懂非懂地点点头,相处了一个多月,她早把我当成了亲姐姐,我说什么,她都会听。我又将那条围巾放到了柜子的最里头,才舒了一口气,想到不会再次掉进水塘,我"咯咯咯"地笑了。

不知不觉间,我闭上眼睡着了,等我再次睁开眼,我已经站在田野当中,啥也没变,柳树仍然在抽芽,小溪仍然在"哗哗"流淌,唯有一点不同,脖子上的白围巾,却如人间蒸发般无影无踪。

过完年回到家里,我迫不及待地冲到柜子前,会心一笑。因为妈妈的柜子中唯独少了那条白围巾,而我却知道,此时,它正静静地躺在柜子的最里面,等着下一个想穿越时空的人来找它。

白围巾的秘密

两个小小人

发现这两个小小人，纯粹是一个意外。

爸爸不知从哪里弄来一堆古画，一会儿说是清朝仿的《清明上河图》，一会儿又说他花费大价钱从国外弄来的唐伯虎名画，值不少钱呢！我也不想多说，那画既然如此值钱，岂是我们家这点财力买得起的？可能倾家荡产也买不起真品的一角。显而易见，这些画绝对是仿的了，但爸爸除了跑跑马拉松，没什么爱好，也就随他去吧。

可一个星期后，我就发现了不对劲。早上，古画总要被挪动一下位置，有时半夜能听到"砰"的一声，出来看时，除了倒在地上的古画，什么人也没有。爸爸偶尔临几张画，也是不过几天便不翼而飞了，爸爸只当是忘记放哪儿了，并不在意。上周三，我的一块手帕不见了，那块手帕我可喜欢了，上面绣了我的名字、出生日期、住址等，要是给不怀好意的人偷了去，麻烦就大了！我不禁头皮一阵发麻，突然想起家中新搬来一张沙发，旧沙发给换下了，正准备卖给收废品的人，现在还堆在楼梯口呢。我跑下楼梯，发现旧沙发和一些破桌子、破布等堆在一起。我费了好大力气，撬起沙发的一角，竟从下面拖出一个木箱子，灰尘呛得我直咳嗽。打开大箱子，里面赫然摆放着爸爸前日丢失的那几张画，只被人加了几笔，便美得不可方物，简直成了另外一种神秘的意境。

　　我掀开画布一角，露出了一只小小的靴子，它做工精致，一针一线，缝出厚实的鞋底，毛毛的，格外暖和。紧接着，一男一女两个极小的小人儿从箱子里钻出来。女的长裙拂地，衣袖宽大，顶着丸子头，还插了两根簪子在头顶；而男的则锦衣华服，通身金紫色，头戴凤冠，宛若一朵盛开的曼陀罗花。二人举手投足间尽显矜贵气质。我瞪大了眼，愣住了。那小女孩儿先开口了："我们是小人国里的画师，不知为何穿越到此，见你们收藏了不少古画，我……我们出于本职，想研究一下画，真是不好意思！我们一时半会儿回不去，想和你成为朋友，不知你是否值得信赖，便拿了这帕子。"心中疑虑终于打消，我和两个小小人意外地成了好朋友。

　　吃完晚饭，我回到房间去背课文，"在无边无垠的沙漠中，在碧波万顷的大海上，在巍峨雄奇的高山上，我都看到过月亮……"我有口无心地背着。两个小小人都皱起了眉头，男小人说："你把语文书借我们用一天，我保证让你背下整本书！"我一向信任他们，留下语文书上学去了。因为没有语文书，刘老师将我训斥了一通，还罚我站了一节课，我一天都快快不乐。但一回家，想到今天就能背下整本语文书，所有的郁闷便都抛到爪哇国去了。小人们给我一幅长长的卷轴，上面给每一篇课文都绘制了插图。我不禁入了神，身临其境，竟不由自主地背了出来："我在家乡只待了六年，就背井离乡……"很快我就背得滚瓜烂熟了。第二天早上，我故意不带语文书，刘老师果然生气了，我不疾不徐地说："老师，语文书都在我肚子里了。"此话一出，全班皆惊，刘老师脸色很不好看，便请我背一遍，我正求之不得，立刻叽里呱啦地背了起来，若不是怕他们听不懂，我都想倒着背了，全书背完，一字不差，刘老师和同学们都愣住了。

　　我大出风头，开心地回到家，爸爸妈妈正一脸凝重地看着我。妈妈开口了："孩子，今天家中来了小偷，偷走了你房间里的一幅画,那画太漂亮了,新闻上都在说呢!"我心中一惊,随后镇定下来,打个哈哈说:"是吗？呵呵,可真巧啊!"便想蒙混过关,而爸爸却拦住了我,开口:"说,画哪儿偷的?"语气坚定,是认准我便是偷画的人了。我一想,两个小小人的身份不能说出,只好遮掩道:"是啊,是我画的,我的颜料还放在桌上呢!"爸妈去房间一看,颜料果然摆在桌上,但他们仍然半信半疑。我熟练地说出了画上的事物,爸妈才彻底相信了。

他们拉着我的手问长问短,我只是说一觉醒来就会了。当天,我的事情就上了新闻头条。接下来的生活烦不胜烦,没完没了的记者采访、照相机拍照……但我什么也不能说,这是我和两个小小人之间的秘密。

小　暑

　　不知何时起，风中不再有凉意，而是卷着热浪。但这样的天气，我竟有种想赋诗一首的冲动。天又有要下雨的迹象。我便想去后花园走一走，找找灵感。花园里的花大多谢了，仅存的只有紫薇和池中的几株睡莲，其余的都是些野花。果子倒是多了不少，荔枝、桃子、金铃子……都结了果。花生也该结果了。夏天的花园，与春来花开的千朵万朵压枝低相比，少了些娇艳，多了一份充盈。不一会儿，天上就响起了雷声，风中也夹杂着闷热的气息。这天气真热，我浑身上下都黏糊糊的，没有一处清爽，再加上穿着宽大的袍服，到门口时，我就像从水中捞出来一样。

　　问过老乡才得知，今天是小暑，难怪天气如此炎热。我便去了菜地。我们家算是富裕了，过冬时还有冰贮藏在冰窖中,屋后有花园,有菜园,还有一片竹林。我绕到瓜田后面,挑了一个不大的瓜,拿了一柄木勺,到竹林中的石椅上坐下。阳光透过树叶斑斑驳驳地洒在地上,石椅上倒是挺清凉,在绿竹的深处,枝叶茂密,蝉在树上鸣叫,地面上的泥土被晒得软软的,像街头卖的糖稀。有时在清凉的竹林里,我会感觉到一阵凉意,但这并不是风,不知是石椅的凉,还是面对燥热的世界,我心静自然凉,寻到了那处内心的清幽。剖开一个西瓜,红瓤黑籽,红红的汁水汩汩流出,顿时引来了一群蚂蚁。走进林中的茅舍,微风拂面,说不出的畅快。我不禁拿起笔在墙上题了两句诗:"何以消烦暑,窗下有清风。"这般闲情,不是寻常人能拥有的。

　　夜晚降临,湖边静静的,我带着小女儿去湖边划船。我们家的小木船就停靠在岸边。小女儿面目清秀,就那么坐在船上还真不是一般的好看。她插着根红簪子,两条丝带垂下来,两腿随意地交叉在一起,娴静端庄。她身边放了盘西瓜,散发着诱人的光泽,她还摘了个莲蓬放在船头,而我则拄着拐杖,斜倚在岸边的胡床上。胡床是香樟木做的,有着奇香,清凉无比。来到这里,酷热一扫而光,这儿令人十分舒畅。管家取来去年冬天留下的冰,给我做了一杯冰镇红酒,喝下之后,全身仿佛都被凉意拂了一遍。月明时分,远处传来悠长的笛声,微风将荷花的清香送到每个人的心中。灵感都是突然而来的,我不禁脱口而出:"携杖来追柳外凉,画桥南畔倚胡床。月明船笛参差起,风起池荷自在香。"

团 扇

在湖边望着那一把把陈旧却又美丽的团扇，许多往事涌上心头，喜王右军题字团扇，悲班婕妤借扇抒情。我心中波涛汹涌，久久不能平静。

我闭上眼，在心中告诉自己要冷静，但当我再度睁开眼来，眼前不再是湖面波光粼粼、岸边杨柳依依的祥和画面，而是一派金碧辉煌、风光气派的热闹景象。

咦？这是哪儿？眼见一个丫头走来，我赶忙拉住她问："这是什么地方？"那丫头笑道："林姑娘，你昨天和宝二爷生气，气糊涂了吧！这是大观园呀！"难道穿越了？我忙随那丫头去找紫鹃。紫鹃替我梳好头，换了身干净衣裳，我一照镜子，天哪！那人是我吗？镜中之人淡扫蛾眉，轻点朱唇，一头乌黑浓密的青丝，一双丹凤眼水汪汪，带几分忧色,活脱脱一个天生美女。雪雁把我推出门去,说:"姑娘,今天是团扇节,你带把扇子去,注意不要弄坏了!"我答应着,去了怡红院。刚跨过沁芳桥,迎面走来一人,他头戴紫凤金冠,面色红润,脖子上一块美玉闪闪发光,料想是宝玉了。我正想着怎么称呼。宝玉叫道:"林妹妹!"我一惊,顺口也呼道:"宝哥哥!"他跑来拉着我的手,往蘅芜苑走去。

路上,熙凤带了探春、迎春、惜春来了。我们画各自的团扇。宝玉画了一条张牙舞爪的银龙和一只金光灿灿的金凤,追着一颗珠子戏玩。探春绘了一棵翠竹,在风中翩翩起舞。迎春画了两三朵不畏风寒的菊花,迎秋到来。惜春并未画图,只题了一首诗:"手中白团扇,净如秋月圆。清风任动生,娇香承意发。"这时,宝钗来了,她的团扇上也题了一首诗:"浓黛消香淡两蛾,花阴试步学凌波。专房自得倾城色,不怕凉风到扇罗。"天哪,大观园的姐妹们果然都是才女,太厉害了!我们又聊了些团扇的用处、历史等,见天色不早,才散去。

待了半天,我想家了,却找不到早上让我穿越的那把画着兰花的团扇了。门口突然传来脚步声,宝玉来了。他送我一把团扇,正是那一把。我在心里跟姐妹道了别,一眨眼工夫,已站在湖边。

今天,我在大观园与姐妹们过了一个欢乐的团扇节。

爱的香囊

夏日的午后,唐玄宗邀我去府中观棋,杨贵妃站在一旁,对弈时我明显感觉到玄宗的目光一直在玉环身上游移。先前宁王还应付不过来,玄宗不愧是一国之主,心思缜密,每一步都经过考虑,让对手手忙脚乱,但自从杨贵妃走来,那一颦一笑连我都看呆了,玄宗更是昏招尽出。眼看宁王就要赢了,玄宗的眼底流露出十分不悦的神色,我正想找个借口离开,不料聪慧的贵妃将康国的小狗放在棋盘边,小狗坐不住,爬上棋盘,三下两下,棋局就被毁得不成样子。我已不弹琵琶了,将琵琶横放在腿上,刚要站起身来退下,一阵微风吹过,我还没反应过来,杨贵妃的领巾便吹到了我的头巾上,因为颜色相近,我一时半会儿竟没反应过来,直到贵妃唤我:"贺怀智,把领巾还我!"我才如梦方醒般摘下领巾交还她。回到屋中，只觉得全身香气扑鼻，便脱下头巾，暗自思忖：贵妃领巾这么香，莫非便是邻国进贡的瑞龙脑？我可得好好珍藏！于是，我便令夫人赶制了一个做工精美的香囊，将头巾装了进去。

殊不知，在第二天上朝时，我才发觉，杨贵妃腰间也配了一个香囊，蓝色的底，上头写着"福"字，还有几朵花。两边用五彩丝线各穿一颗珠子，走起路来，那珠子一晃一晃的，袋口扎紧，看不见里面装了什么，但还是在十步外便能闻到异香。好精致！里头应该也是瑞龙脑吧！这么想着，我不禁多闻了几下。唐玄宗还在玩乐，一整天都没见到他。伴随着连天的阴雨，我总是有种预感：有不好的事儿要发生了。

果不其然，天宝末年，安史之乱发生，安禄山和史思明一路打到了长安，唐玄宗只好带着兵马逃亡，但是到了马嵬坡下，大军都不肯往前走了，一齐要求玄宗赐死杨贵妃。我站在人群中，却有些于心不忍。玄宗明显生气，他喝令大家闭嘴，但大家都丝毫不理会，竟全都不走了。玄宗听着远处似乎有隐隐的马蹄声，只好忍痛割爱，赐死贵妃。"花钿委地无人收，翠翘金雀玉搔头。君王掩面救不得，回看血泪相和流。"时间关系，他们只好将贵妃匆匆埋葬，继续赶路。想到如此美丽的贵妃，虽不是她的错，却要变成白骨，我的心情不禁复杂起来。

玄宗的儿子们平定了战乱。好几年后，太上皇玄宗在后花园中秘密召见我，我匆匆赶到，他对我说："贺怀智，你去马嵬坡吧。"我起先不明白，但一看唐玄宗似在回忆往事，我才猛地醒悟过来，召集兵马，向马嵬坡进发。那儿更荒凉了，那个隆起的土堆又唤起了陈旧的记忆。挖开土一看，昔日风情万种的杨贵妃，今日已成一堆白骨，但是那个香囊竟奇迹般的完好无损，挂在她胸前。我小心地取下，它的外表已经冰冷。回见太上皇，唐玄宗将它放进衣袖，当年那欢歌乐舞的场景已不复存在。玄宗竟老泪纵横，我突然想起了什么，将我家那个香包拿出来，那上头有一个中国结，全身红色，玄宗看着看着，叹了口气，目光幽远，说道："那是瑞龙脑的香味啊……"

贵妃那胸前的旧香，谁能为君王重解得，一生遗憾系心肠。那说不清是爱还是恨的情绪，大概只有杨玉环能解得了吧。